योग

समग्र विज्ञान

संजीव कश्यप

डायमंड बुक्स

ISBN : 978-81-288-2908-6

प्रकाशक : डायमंड पॉकेट बुक्स (प्रा.) लि.
X-30, ओखला इंडस्ट्रियल एरिया, फेज-II
नई दिल्ली-110020
फोन : 011-41611861
फैक्स : 011-41611866
ई-मेल : sales@dpb.in
वेबसाइट : www.dpb.in
संस्करण : 2010
मुद्रक : आदर्श प्रिंटर्स, शाहदरा, दिल्ली - 32

YOG- SAMAGRA VIGYAN
by : Sanjive Kashyap

भूमिका

अत्यन्त सौभाग्यशाली महसूस किया स्वयं को जब श्री संजीव कश्यप जी ने मुझे इस पुस्तक की भूमिका लिखने को कहा, पर मन में यह चिन्तन था कि एक बूंद सागर के बारे में क्या लिख सकती है भला? फिर भी मैंने गुरुआज्ञा का पालन किया।

मनुष्य जीवन कितना दिव्य है, अनमोल है, परमात्मा का कितना बड़ा तोहफा है, ये भी हमें उन्हीं पलों में अनुभव होता है जब हम सत्संग करते हैं। किन्हीं महान् सन्तों के साथ बैठकर, योग-ध्यान का सही अर्थ समझ आने के बाद सद्‌गुरुओं की औरा से जब हम स्वयं को भरा-पूरा पाते हैं तब कहीं जाकर जिन्दगी की वास्तविक सच्चाई सामने आती है।

जीवन बड़ा अनूठा है और परम् हमारे बहुत नजदीक है। पर कितना दु:ख होता है जब आत्मा का अहसास भर होने के बाद हमें यह अनुभव होता है कि इतनी बहुमूल्य जिन्दगी को आज तक हमने यूं ही खो दिया। हम हमेशा अपनी जिन्दगी को भूत के पछतावे और भविष्य की चिन्ता में खो देते हैं। असली जीवन तो वर्तमान में है। अपने वर्तमान को ठीक से होश पूर्वक जी लें, विश्रांति के साथ जी लें तो हम अपने भीतर असीम शांति को महसूस कर सकते हैं।

योग-समग्र विज्ञान, योग का सही अर्थ समझाते हुए सत्य का आत्म-साक्षात्कार करने में पूरी तरह हमारी मंदद करता है। हमारे अन्तस में जो सदा से मौजूद है, बस उसी को प्रकट करने में सहायता करती है, ये पुस्तक। महर्षि पतंजलि हर कदम पर, हर मोड़ पर हमारे साथ हैं, वे हमारे होश को परिपक्व करते हुए हमें अपने अन्तस को टटोलने के लिए प्रेरित करते हैं और इन सूत्रों के जरिए हम अस्तित्व से अपना जुड़ाव महसूस कर पाते हैं।

अष्टांग योग के माध्यम से पतंजलि हमें अनेक प्रकार की योग साधना विधियों से परिचित करवाते हैं, ताकि उनका सतत् अभ्यास करके हम अपने

मन का सर्वेक्षण कर पाएं, उसकी वृत्तियों को ठीक से समझ पाएं व अपनी खण्ड-खण्ड विखण्डित ऊर्जा को एकीकृत कर पाएं।

योग समग्र विज्ञान एक दर्पण है, जो हमें स्वयं के भीतर झांकना सिखाता है व अपने अहंकार को तिरोहित करने में हमारी मदद करता है।

मधुमक्खियों जैसी कर्मठशीलता होने पर ही जीवन में शहद रूपी योग का स्वाद चखा जा सकता है।

इन्सान एक बीज है, परमात्मा उसकी परम् उपलब्धि है। योग के माध्यम से पतंजलि हमें खिलना सिखलाते हैं। खिलना ही आत्मसिद्धि है।

यह पुस्तक एक गुरु द्वारा अपने शिष्य को उसके जन्मदिन पर दिया गया सर्वोत्कृष्ट उपहार है। गुरु के सम्मुख शिष्य एक छोटे बच्चे के समान होता है, उसकी उम्र कोई मायने नहीं रखती, सिर्फ समर्पण मायने रखता है। एक जन्म हमें माता-पिता से मिलता है- शरीर का, और गुरु से मिलता है-आत्मा का जन्म, शिष्य के सच्चे स्वरूप का जन्म। यह अनुपम, अनूठा उपहार जन-जन तक पहुंचे ताकि योग के माध्यम से हम सभी अपने जीवन में अनुशासन लाकर अपने शरीर, मन व चेतना में समन्वय स्थापित कर होश व जागृति के साथ अपनी जीवन ऊर्जा को स्थूल से सूक्ष्म की ओर प्रवाहित कर सकें व अपने आन्तरिक खजाने से रूबरू हो पाएं।

मैं अत्यन्त आभारी हूँ अस्तित्व की, सद्गुरु की, अपने माता-पिता व परिवारजनों की, अपने प्रथम शिक्षक श्री ज्ञानमल जी सेवग की, जिनके असीम प्रेम व आशीर्वाद से यह पुस्तक मूर्त रूप ले पाई। अत्यन्त कृतज्ञ हूँ भाईसाहब श्री नरेन्द्रजी वर्मा की, जिनकी मेहनत से यह पुस्तक आप सभी तक पहुँच पाई।

आप सभी के प्रति मंगलभावना व सुस्वास्थ्य की कामना करते हुए अपने अन्तरदिल की बात को इस दोहे के माध्यम से जाहिर करना चाहूँगी....

गुरु गोविन्द में क्या है फर्क, ये तो मैं न जानूँ
बलिहारी गुरु आपनै, थानै ही गोविन्द मानूं।

डॉ० सरोज मालू "निष्ठा"

"ॐ" डिवाइन नैचुरोपैथी क्लीनिक
एस-453, जी. के. पार्ट-2
नई दिल्ली- 110048
09818122292

विषय सूची

लेखकीय

मानव परम् की आत्यन्तिक इकाई है। मगर वह अपने परम् स्वरूप को लगभग भूल गया है। आत्मा और परमात्मा का मिलन ही योग है। जिसने अपने मन को साध लिया वह स्थितप्रज्ञ हो गया। **महर्षि पतंजलि हमें योग के माध्यम से फूल की तरह खिलना सिखलाते हैं। खिलना आत्म-सिद्धि है जिसे योग-ध्यान के माध्यम से पाया जा सकता है। योग के द्वारा मनुष्य अपनी आन्तरिक सत्ता एवम् बाह्य प्रकृति पर शासन कर सकता है।** निज शासन से बड़ा कोई अनुशासन नहीं है। योग के माध्यम से हम अपनी पाशविक वृत्तियों को पावन एवम् पुनीत कर दिव्य स्वभाव में रूपान्तरित कर सकते हैं। योग के माध्यम से स्वस्थ व्यक्ति अपने आभामण्डल को निखार सकता है। आत्मशुद्धि कर अपना आध्यात्मिक मार्ग प्रशस्त कर सकता है।

योग मानव के उत्थान का समग्र विज्ञान है जो हमारी देह एवम् मन को शुद्ध करता है, मानसिक शक्तियों को विकसित करता है, मानव को स्वास्थ्य लाभ देकर उसकी आयु को दीर्घ करता है। एक आम मनुष्य जहाँ सांसारिक पीड़ाओं एवम् दुखों से त्रस्त रहता है वहीं एक योगी योग के माध्यम से समस्त सांसारिक पीड़ाओं से मुक्त होकर समाधि तक की विलक्षण यात्रा करता है। नियमित योग साधना का अभ्यास करने वाले योगियों के हृदय में सरस्वती का वास होता है। सरस्वती का वाहन हंस योगियों का भी वाहन है। इसीलिए योगी को परमहंस की संज्ञा दी गई है। मैं अपनी यह पुस्तक परमहंस रूपी योगियों को सहर्ष समर्पित करता हूँ।

संजीव कश्यप
II-E -134 जयनारायण व्यास कॉलोनी,
बीकानेर (राज.) मो. 09828091226

प्राक्कथन

योग प्राणीमात्र के लिये उपयोगी है। यह कला भी है, विज्ञान भी है और दर्शन भी। इस दुनिया में अनेक धर्म, सम्प्रदाय, मत-मतान्तर आदि हैं मगर योग उन सब से बहुत अलग, योग कोई धर्म नहीं वरन् शुद्ध विज्ञान है। एक ऐसा विज्ञान, जो मानव को उसके अन्तिम ध्येय तक पहुँचाता है। आज सारी दुनिया ने योग को किसी न किसी रूप में अपना रखा है।

योग व्यक्ति के आन्तरिक अभिकरण को जागृत करता है एवम् उसके बाहरी आभामण्डल को भी लावण्य प्रदान करता है। योग के माध्यम से हम अपने शरीर, मन, चेतना में समन्वय स्थापित कर होश एवम् जागृति के साथ अपनी जीवन यात्रा को सुगम बना सकते हैं। योग को हम तीन भागों में विभाजित कर सकते हैं– ज्ञान योग, ध्यान योग एवम् कर्म योग।

ज्ञान योग - ज्ञान से तात्पर्य आत्मज्ञान से है। ज्ञान योग के माध्यम से तत्त्व ज्ञान को हम अनुभूत कर सकते हैं। ज्ञान को पा लेना ही प्राणी मात्र का अन्तिम उद्देश्य है। योग विज्ञान आधुनिक समाज को भी विस्मित कर देने वाला विषय है। यह अति प्राचीन होते हुए भी नित नवीन है। सत्संग के माध्यम से योग की गहराई में उतरा जा सकता है। महर्षि पतंजलि के मतानुसार दुनिया में सदैव कुछ ऐसे श्रेष्ठ योगी होते हैं जो श्रवण मात्र से ज्ञान को उपलब्ध हो जाते हैं। सत्संग में आते-जाते कब उनके कपड़े, उनका मन सत्य के संग, परम् के संग उसके रंग में रंग जाता है उन्हें स्वयं को भी पता नहीं चलता। समाधि पाद के 51 सूत्र ऐसे ही लोगों के लिये हैं। इस पृथ्वी के श्रेष्ठ लोगों के लिये जिनकी चेतना पहले से ही विकसित है। जिस तरह किसान सबसे पहले उपजाऊ भूमि में बीज बोता है ताकि उसे अच्छी फसल मिले, ठीक उसी प्रकार गुरु का भी प्रयास रहता है कि उसका सन्देश कुलीन वर्ग के समझदार लोग सुनें ताकि उनकी आत्मोन्नति का मार्ग प्रशस्त हो सके। कुछ श्रेष्ठजन हैं जो श्रवण मात्र से तैर सकते हैं

मगर फिर भी यदि वे न तैर पाएँ तब श्रवण और सत्संग के साथ-साथ उन्हें कुछ श्रम, थोड़ी उपासना, थोड़ा ध्यान, और करना होगा। केवल सत्संग से चित्त निर्मल न हो तो भी महर्षि पतंजलि आपके साथ हैं। यदि आप उनके साथ हैं तो वे भी आपका पूरा साथ निभाने को तत्पर हैं। वे अन्तस के जगत् के ऐसे वैज्ञानिक हैं जो प्राणीमात्र की चेतना को पराकाष्ठा तक पहुँचाने को तत्पर हैं वे मानव मात्र की हर सम्भव सहायता करने को तत्पर हैं।

ध्यान योग - ध्यान साधना के माध्यम से चित्त की वृत्तियों को निर्मूल किया जा सकता है। महर्षि पतंजलि ने साधना पाद (55) एवम् विभूति पाद (55) में ध्यान योग की शिक्षा दी है। कैवल्य पाद (34) में चित्त तथा चित्त के सम्बन्ध में जो-जो शंकाएँ हो सकती हैं उनका समाधान किया है।

महर्षि पतंजलि के अनुसार योग साधना के **आठ अंग** हैं:-

यम, नियम, आसन, प्राणायाम, प्रत्याहार, धारणा, ध्यान एवं समाधि। हर इंसान यहाँ समय की परिधि से बंधा है। उसके पास सीमित ऊर्जा है। यदि हम अपनी कुदरती शक्तियों का उपयोग नासमझी से करते हैं तो बहुत जल्दी हम उन्हें खो देंगे।

अपने उद्गम स्थल हिमालय से अनेक पवित्र जल धाराएँ अलक-नंदाओं के रूप में प्रवाहित होती हुई बड़ी नदियों का रूप लेती हैं। नदी भी स्वयं मिट्टी हटाते हुए अपना रास्ता इस प्रकार बना कर चलती है कि हजारों वर्षों तक उस मार्ग से जल धारा प्रवाहित हो सके, ठीक उसी प्रकार योग की वाङ्मय धारा है जो प्राचीन काल से आज तक प्रवाहित होती चली आ रही है।

1. यम से तात्पर्य आत्मस्वरूप में प्रतिष्ठित होने के लिये स्वयं को दिशा देना ताकि हम वृत्तियों की गुलामी से मुक्त हो सकें।
2. नियम - एक सुनिश्चित जीवन, जिसमें अनुशासन हो, नियमितता हो जिससे जीवन ऊर्जा ठीक दिशा में प्रवाहित हो। वृत्तियों का गुलाम कभी अपनी जीवन ऊर्जा को ठीक दिशा में प्रवाहित नहीं कर सकता। इसलिये योग के नियमों की ठीक-ठीक अनुपालना करनी चाहिये। नियमों की सम्यक् पालना के अभाव में कभी-कभी जीवन की जीवन्तता खो जाती है अतः नियमों की अनुपालना विवेक के साथ की जानी चाहिये।
3. आसन - आसन का अर्थ है एक विश्रांत मुद्रा। प्रतिदिन नियमित रूप से निश्चित समय पर योग उपासना, ध्यान-साधना करने से ही योगी

विश्रांत मुद्रा को उपलब्ध होता है। विश्रांत योगी विषम से विषम परिस्थितियों में भी सुख-दुःख एवम् माया से अप्रभावित रहते हुए अपनी विश्रान्ति को नहीं खोता क्योंकि विश्रांत होने पर चेतना स्वतः ऊर्ध्वगामी होती है।

4. प्राणायाम - प्राण ऊर्जा की अस्तित्वगत लय है प्राणायाम। प्रत्येक व्यक्ति एक आत्यन्तिक इकाई है। उसकी अपनी प्रतिभा है। अपनी प्रतिभा को खोजना ही अपने स्वरूप से जान-पहचान करना है। प्रत्येक व्यक्ति को अपने विवेक एवम् समझ से भगवान बुद्ध के समान अपने ही प्रकाश से स्वयं को प्रकाशित करना है। अप्प दीपो भव।
5. प्रत्याहार - प्रत्याहार का शाब्दिक अर्थ है प्रतिक्रमण। भीतर की ओर मुड़ना। प्राणायाम में व्यक्ति को अपनी लय का पता चलता है उसी लय के माध्यम से व्यक्ति प्रतिक्रमण कर अन्तर्मुखी हो सकता है। स्थूल से सूक्ष्म की ओर अपनी जीवन ऊर्जा को प्रवाहित कर सकता है।
6. धारणा - अपने मौलिक स्वरूप को पहचानना एवम् अपने निज स्वरूप को धारण करना। अपने स्वरूप में स्थितप्रज्ञ रहना अर्थात् स्वयं को एक ही दिशा में एकाग्र करना।
7. ध्यान - यम नियम आसन के द्वारा दिशा दी जा सकती है अपनी जीवन ऊर्जा को, फिर अपने मौलिक स्वरूप को, चेतना को पहचाना जा सकता है। तदन्तर चेतना को लक्ष्य की ओर लगाया जा सकता है। चेतना को एकाग्र चित्त कर लेने से हमें फिजूल के विचारों-वृत्तियों से मुक्ति मिलती है।
8. समाधि - विचारों से मुक्त परम् स्वतन्त्र अवस्था ही मुक्त अवस्था यानि समाधि है।

होश एवम् साक्षी की उत्पत्ति समाधि में सहयोगी है। साक्षी के माध्यम से ही मुक्तावस्था में प्रवेश संभव है।

सर्वबन्धनों एवम् दुखों के कारण हैं अविद्या, अस्मिता, राग, द्वेष और अभिनिवेश। जीवन के रहते हम सुख-दुख का अनुभव करते हैं । हर इंसान सुख पाना चाहता है मगर अंततोगत्वा उसे दुख मिलता है।

कर्मयोग - क्या कोल्हू के बैल के समान दिन-रात जीविकोपार्जन में लगे रहना कर्मयोग है? या अनासक्त निष्काम भाव से स्वयं एवम् दूसरों के आत्म कल्याण का मार्ग प्रशस्त करना कर्मयोग है। योगी फल की कामना

और कर्तापन के भाव को छोड़कर अन्तःकरण की शुद्धि के लिये शरीर, इन्द्रियों, मन एवम् बुद्धि से कार्य करता है। योगी कर्म के फल को त्याग कर परम् शान्ति को अनुभूत करता हुआ अपने परम् स्वरूप को पाता है वहीं अयोग्य व्यक्ति कामना के अधीन होकर फल में आसक्त हुआ विषय वासनाओं और कामनाओं में जन्म-जन्मान्तर तक बंधता चला जाता है और हर जन्म में कोल्हू के बैल के समान अज्ञानतावश अनेक कर्मों की पुनरावृत्ति करता चलता है।

योगी के कर्म न पुण्य रूप होते हैं न पाप रूप। योगी के कर्म निष्काम रूप होते हैं। निष्काम रूप कर्मों में निश्छल प्रेम छलकता है। यह सत्ता त्रिगुणमयी है। योगी के भीतर सत्त्व, रज और तम का ठीक-ठीक समन्वय होने के कारण ही वह योगी है। जिसके भीतर सत्त्व, रजत एवम् तम का ठीक-ठीक समन्वय स्थापित नहीं होता वह व्यक्ति ही अयोग्य है। योगी ईश्वरीय शक्तियों से ओत-प्रोत होता है।

संसार के सभी प्राणियों में सत्त्व, रज एवम् तम गुण विद्यमान हैं। ज्ञान योग, ध्यान योग एवम् कर्म योग के प्रति ठीक-ठीक योग निष्ठा रखते हुए हम योग के माध्यम से अपने आत्म कल्याण का मार्ग प्रशस्त कर सकते हैं।

योग दर्शन के प्रथम चार सूत्रों में महर्षि पतंजलि ने सारा योगदर्शन सामान्य रूप से बतला दिया है। अथ योग अनुशासनम्। योगश्चित्तवृत्तिनिरोधः। तदा द्रष्टुः स्वरूपेऽवस्थानम्। वृत्तिसारूप्यमितरत्र। अर्थात् अब योग का अनुशासन। योग चित्त (मन) की वृत्तियों का निराकरण है। वृत्तियों का निरोध होने पर द्रष्टा स्वयं में स्थापित हो जाता है। अन्य अवस्थाओं में मन की वृत्तियों के साथ तादात्म्य स्थापित हो जाता है।

योग प्रत्येक व्यक्ति के अस्तित्व की जड़ों से संदर्भित है जिसे अनुभव के माध्यम से जाना जा सकता है। जिज्ञासु अनुभव के माध्यम से ही अपने भीतर अनुशासन पैदा कर सकता है। अनुभव के लिये वितर्कशील होना अनिवार्य शर्त है। विचारशील वह है जो अपने स्व की सुन सके। अराजक व्यक्ति कभी आनन्द को अनुभूत नहीं कर पायेगा क्योंकि अराजक व्यक्ति की वृत्तियों का निराकरण नहीं हुआ है। अतः वह आनन्द को अनुभूत करने में अक्षम है। आनन्द का अर्थ है परम् मौन की अवस्था। अस्मिता का अर्थ है सब प्रकार के अहंकारों को तिलांजलि, अपने आत्मस्वरूप का साक्षात्कार।

इस प्रकार वितर्क, विचार, आनन्द, अस्मिता के माध्यम से सम्प्रज्ञात समाधि की अवस्था उत्पन्न होती है। साधारण जीवन में चित्त की वृत्ति सुख-दुख एवम् मोह की होती है। वैसे ही द्रष्टा भी इसे महसूस करता है। महर्षि पतंजलि के अनुसार समाधि पाद के ये सूत्र श्रेष्ठ अधिकारियों के लिये हैं।

मगर हम सब परम् मौन की आनन्दमय अवस्था को अनुभूत करने वाले साधक हों यह जरूरी नहीं। यद्यपि अनेक बार हम अपनी विक्षिप्ताओं को स्वीकार नहीं करते वरन् हमारा चित्त अपनी-अपनी विक्षिप्ताओं को बचाने के लिये भांति-भांति के तर्क भी देता है। हमारी इस अवस्था को भी महर्षि पतंजलि हमसे बेहतर जानते हैं। महर्षि पतंजलि के अनुसार अविद्या, अस्मिता, राग, द्वेष और अभिनिवेश हमारे सभी प्रकार के बन्धनों एवम् दुखो के मूल कारण हैं।

अविद्या क्या है? अपने केन्द्र एवम् परिधि से न जुड़े होना, अपनी 'कांशस वॉइस' को न सुन पाना ही अविद्या है। अनित्य को नित्य, अशुद्ध को शुद्ध, सुख के रूप में आकर्षित होकर अनेक प्रकार के दुखों को आमंत्रित करना, अपने वास्तविक स्वरूप को पहचाने बिना अयोग्यताओं में जीना अविद्या है। अस्मिता-अविद्या के कारण ही जड़ चित्त और चेतन-चित्त में जो भेद है वह न दिखाई देना और समय असमय अपने होश खोकर दोष पूर्ण व्यवहार करना, विषय वासनाओं के पीछे भागते हुए अपने स्वरूप को बार-बार खो देना, अविद्या से उत्पन्न हुए चित्त के पीछे भांति-भांति की वासनाओं की पूर्ति हेतु भागते रहना ही अविवेक, अस्मिता, क्लेश कहलाता है। राग जड़तत्त्व में सुख की वासना का उदित होना, भांति-भांति के भोगों को भोगना, द्रष्टा को भूलकर जीना, अविवेकपूर्ण कार्यों में संलग्न रहना, आत्मप्रशंसा में जीना, निन्दा-स्तुति में आनन्द का अनुभव करना, दूसरों में सिर्फ बुराइयाँ देखना, कलह में जीना, कलह में रहना, अस्मिता क्लेश से उत्पन्न हुई चित्त की वृत्तियाँ हैं। द्वेष क्रोध, लोभ, मद, मोह एवम् अपने निजी स्वार्थों की पूर्ति हेतु जब हमारे सुख में विघ्न पड़ता है तब द्वेषपूर्ण व्यवहार उत्पन्न होता है। ऐसे राग से उत्पन्न हुए दुख के संस्कारों का नाम ही द्वेष है।

जीवन में अनेक बार ऐसा होता है कि जहाँ-जहाँ हम सुख खोजते हैं वहाँ-वहाँ हमें दुख मिलता है। समय के साथ हमारे सुख-दुख और मोह रूपी वृत्तियाँ भी बदलती रहती हैं।

अपने व्यवहार को शुद्ध एवम् आहार को सात्त्विक बनाकर जहाँ हम अपने स्थूल शरीर का सहयोग करते हैं वहीं महर्षि पतंजलि के अष्टांगिक मार्ग की अनुपालना करते हुए विषयों से मन को हटाकर अन्तर्मुखी करते हैं। इस प्रकार विक्षिप्त चित्त वाले मध्यम श्रेणी के साधक भी स्वयं को श्रेष्ठ श्रेणी में न केवल रूपान्तरित करने की क्षमता पा जाते हैं वरन स्वयं की योग साधना के माध्यम से ध्यान समाधि को उपलब्ध होते हैं। इस प्रकार के साधक ही अपने भीतर के खजाने को पा सकते हैं।

धारणा, ध्यान एवम् समाधि का विश्लेषण महर्षि पतंजलि ने विभूति पाद में किया है। ये सबीज समाधि के अन्तरंग साधन हैं। इनके माध्यम से योगी अपने सात शरीरों एवम् सात चक्रों की स्थिति को ठीक-ठीक पहचान सकता है और अपनी कुण्डलिनी शक्ति को जागृत कर अनेक प्रकार की सिद्धियाँ भी हासिल कर सकता है। सिद्धियाँ विक्षिप्त चित्त वालों को भी एकाग्र करने में सक्षम होती हैं। मगर यदि हम सिद्धियों के प्रति आकर्षण नहीं रखते हैं, तभी तटस्थ भाव से कुण्डलिनी जागरण के विषय की गहराई में उतरने की क्षमता प्राप्त कर सकते हैं।

मानव के सात शरीर - 1. भौतिक शरीर 2. सूक्ष्म शरीर 3. आकाश शरीर 4. मानस शरीर 5. आध्यात्मिक शरीर 6. आत्मिक शरीर 7. ब्रह्म शरीर।

इन सात शरीरों को समझने से कुण्डलिनी शक्ति की बात भी ठीक-ठीक समझ में आ जायेगी।

वृक्ष पर लगे शहद के छत्ते के समान है योग। शहद निर्मित करने के लिये मधुमक्खियों के समान कर्मशीलता चाहिये। सतत अभ्यास एवम् वैराग्य रूपी पंखों के सहारे किसी भी योगी को सत्य के आकाश में उड़ना है। निश्चित तौर पर मानव जीवन का यदि कोई सर्वोत्तम फल है तो वह है योग। उस फल तक पहुँचने के लिये हमें अपनी किश्ती में रखी पतवार को संभालना होगा। गुरु, शिक्षक तो बस रास्ता बता सकता है एक ऐसे सशक्त मार्ग का जिस पर पूर्व में लाखों लोग चले हैं और आज भी करोड़ों चलने का प्रयास कर रहे हैं।

मगर यदि आप बीमार हैं और योग के माध्यम से अपनी शारीरिक बीमारियों को दूर करना चाहते हैं और योग के वास्तविक फल से आपका कोई लेना-देना नहीं है तब शायद योग को समझकर भी आपने नहीं समझा

है। चार तरह के व्यायामों को निरन्तर दोहरा लेना और अपनी बीमारियों से हमें कितनी निजात मिली इस विषय पर रोज बतिया लेना शायद महर्षि पतंजलि का बताया मार्ग नहीं था। योग की बात करें एवम् महर्षि पतंजलि के दर्शन को हम अनुभूत न कर पायें, ऋषि-मुनियों की वाङ्मय धारा को न समझ पायें तब योग के माध्यम से स्वास्थ्य लाभ पा जाने एवम् एलोपैथी व अन्य चिकित्सा पद्धति की किसी दवा से स्वास्थ्य लाभ पा जाने में कोई फर्क नहीं रह जायगा।

सच में हम कितने बौने हो गये हैं। जो योग हमें हमारे अवचेतन मन के द्वार से मुक्त करने की क्षमता रखता है, अपनी आत्मा की आवाज से जोड़ता है, कबीर के समान अपनी बुराइयों को स्वयं दूर करने की क्षमता रखता है, उस योग का उपयोग हम सिर्फ शारीरिक व्याधियों के निराकरण के लिये करते हैं और चेतना की, सत्य की यात्रा से अनभिज्ञ रहते हैं ऐसे योग का क्या लाभ? योग समग्र जीवन दर्शन है। योगी की तुलना परमहंस से की जाती है। यदि इस पृथ्वी पर कोई परमहंस है तो वह योगी ही है। यह पुस्तक उन साधकों के लिये है जो सही मायनों में योगी बनना चाहते हैं। योग के माध्यम से सत्य से साक्षात्कार करना चाहते हैं। उस सत्य को देखना चाहते हैं जो सत्य उनके भीतर छिपा है। महर्षि पतंजलि के इन सूत्रों में प्रवेश करते समय कैसे-कैसे सत्य प्रकट होते हैं; कभी वह हमें झकझोरता है, कभी वह हमारी नींद, हमारे स्वप्न, हमसे छीन लेना चाहता है; कभी वह निर्मम-निष्ठुर सा प्रतीत होता है; कभी वह हमारे मन और हमारे स्वप्नों की दुनिया की धज्जियाँ सी उड़ाता दीख पड़ता है। हम हैं कि फिर भी नहीं जागते। महर्षि पतंजलि को भी संशय की नजर से देखते हैं। मन की मृत्यु जब सामने होती है तब हम स्वयं को बचाने के लिये बहुत तरह के आक्षेप महर्षि पतंजलि पर भी लगा बैठते हैं।

मगर वे हमारे मन, आकांक्षाओं, स्वप्नों की धज्जियाँ उड़ाकर सत्य से हमारा साक्षात्कार बारम्बार करवाते रहते हैं और शनैः-शनैः यही सत्य हमारे जहन में समाकर हमारे जीवन का सच्चा स्वरूप बनकर निखरता चला जाता है। यह है महर्षि पतंजलि के सूत्रों की क्षमता। पूर्व की इस प्राचीन योग की धारा ने मानव मन का सर्वेक्षण कर; चित्त की वृत्तियों को ठीक से समझ कर हमें अपने प्रति जो जागृति का भाव दिया है, उन्हीं भावों को हमें ठीक-ठीक समझना है।

महर्षि पतंजलि अपने सूत्रों में अपना निर्णय किसी पर थोपते नहीं हैं वे तो सिर्फ योग का द्वार प्राणिमात्र के लिये खोल रहे हैं। उन्होंने जिस योग के सर्वोत्तम फल को चखा है वे अपने सूत्रों में उसका न केवल परिचय हमें दे रहे हैं वरन् एक ऐसा सशक्त मार्ग हमें बतला रहे हैं जिस पर चलकर हम अपने जीवन के वास्तविक अर्थों को उद्घाटित कर पायेंगे और उनमें छुपे सत्य को भी पहचान पायेंगे। महर्षि पतंजलि को नमन एवम् इस उत्तम ग्रन्थ के लिये साधुवाद।

प्रथम प्रकरण

समाधिपाद

अथ योगानुशासनम् ॥ 1 ॥

अब योग का अनुशासन ।

हमने अपने जीवन में अनेक आशाएँ की, सपने संजोए, कल्पनाएँ की मगर हमारा जीवन हमारी आशाओं और कल्पनाओं के अनुरूप नहीं रहा। हमारे व्यावहारिक जीवन एवम् कल्पनाओं में सदैव फर्क रहा। अनेक कार्य हमने इस आशा से किये कि हमें सुख मिलेगा। मगर अंततोगत्वा हमें दुख मिला। सुख की तलाश में दुख पाते-पाते जीवन का बड़ा भाग भी हाथ से ऐसे फिसल गया जैसे बन्द मुट्ठी में से रेत फिसल जाती है। इतने दुख उठाने के पश्चात् भी हम सुख पाना चाहते हैं मगर हम यह पहचान नहीं कर पाते कि यह जो सुख पाने की इच्छा है वह भी सत्य पा जाने की हमारी तलाश है। योग सत्य से आत्म साक्षात्कार करने का मार्ग है। महर्षि पतंजलि कहते हैं सुख-दुख से ऊपर उठकर यदि तुम सत्य को पाना चाहते हो तो उसे पाने हेतु स्वयं के जीवन को अनुशासित करना होगा। अपने मन को, उसकी गति को समझना होगा कि किस प्रकार वह हमें बार-बार अपेक्षाओं, आशाओं, इच्छाओं, एषणाओं, वासनाओं में धकेल देता है। मन की स्वाभाविक प्रक्रियाओं एवम् उसके स्वभाव को समझने के लिये हमें अपने चित्त को समझना पड़ेगा। सुख एवम् सत्य पाने की हमारी अभिलाषा में जरा केन्द्र का भेद है। सुख की चाह में हमने अपने केन्द्र को, परिधि को भुला दिया है । सत्य की चाह न केवल हमें अपने केन्द्र से जोड़ देगी वरन् हमारी

खण्ड-खण्ड विखण्डित होती ऊर्जा, अराजकता, अस्थिरता को भी केन्द्रित या एकीकृत करेगी और यह सब सम्भव होगा योग के अनुशासन को अपनाने से।

बड़े ही सौभाग्य के क्षणों में कभी-कभी ऐसा घटित होता है कि महर्षि पतंजलि जैसे मनीषी के सूत्र हमें वैसे ही छू लेते हैं जैसे वे अपने सूत्रों के माध्यम से हमें कुछ कहना चाहते हैं। वह जो कहना चाहते हैं ठीक-ठीक अर्थों में यदि हम उन्हें समझ लें तो ये सूत्र हमारे अन्तस को झकझोर कर स्वयं के साथ जोड़ लेंगे। हमारा इन सूत्रों के साथ एक तादात्म्य स्थापित हो जायेगा, इनसे हमारा एक गहन रिश्ता स्थापित हो सकेगा, तब हममें से कुछ सौभाग्य सम्पन्न लोगों को यह एहसास होगा कि ये सूत्र मेरे लिये बड़ा अर्थ रखते हैं। इन सूत्रों को आत्मसात् किये बगैर मेरा जीवन अधूरा है। इन सूत्रों का सम्प्रेषण मेरे जीवन में बहुत मायने रखता है। योग के माध्यम से बीमार मानव स्वास्थ्य लाभ पाता है वहीं स्वस्थ मानव समाधि को अनुभूत करता है।

हम अपनी बुरी आदतों से संतुष्ट हैं तो योग हमारे लिये नहीं है। यदि हम स्वयं में कुछ रूपान्तरण चाहते हैं और योग के अनुशासन की अनुपालना करने के लिये कृतसंकल्प हैं तब निश्चय ही योग जीवन रूपी वृक्ष का वह मीठा फल हो जाएगा जिसे चख कर हम निस्संदेह रूपान्तरित हो जायेंगे।

योगश्चित्तवृत्तिनिरोधः ॥ 2 ॥

चित्त की वृत्तियों का निरोध (सर्वथा रुक जाना) ही योग है।

चित्त क्या है? मन, बुद्धि एवम् अहंकार।

क्या ऐसा क्षण भी कभी जीवन में आता है जब मन, बुद्धि एवम् अहंकार तिरोहित हो जायें?

महर्षि पतंजलि के अनुसार तो वही क्षण उपयोगी है जिस क्षण चित्त की वृत्तियों का सर्वथा निराकरण हो जायेगा और भीतर हमारा अन्तस उस अवस्था को जान पायेगा। यह जो जानने वाला है इसका परिचय हमें होता ही उस अवस्था में है जब हम अपने ही भीतर एक अन्तराल को अनुभूत कर पाते हैं। इधर चित्त की वृत्तियों का निरोध हुआ और तत्क्षण हमने अपने भीतर बैठे योगी के दर्शन कर लिये, उस जानने वाले को जान लिया उससे

हमारी जान-पहचान हो गई। स्वयं को निहारने का कैसा सुन्दर योग है! जीवन रूपी वृक्ष के सर्वोपरि फल की तरफ इशारा करते हुए महर्षि पतंजलि अनेक रहस्यों को अपने सूत्रों के माध्यम से खोलते चलते हैं।

तदा द्रष्टुः स्वरूपेऽवस्थानम् ॥ 3 ॥

तब द्रष्टा अपने स्वरूप में प्रकट हो जाता है।

जब हम तटस्थ भाव से स्वयं को देख पाने की स्थिति में आ जाते हैं तो वह क्षण अनमोल है। उसी क्षण हम माया रूपी जगत् के सारे खेल, सारे प्रपंच से भी बाहर आ जाते हैं और अपने भीतर उस द्रष्टा भाव को पनपते देख पाते हैं। प्रारम्भिक अवस्था में उस द्रष्टा की कुछ-कुछ झलक मात्र मिलती है मगर धीरे-धीरे द्रष्टा से हमारे अन्तस में साक्षी पनपता है फिर साक्षी स्वयं में स्थापित हो जाता है और यही साक्षी हमें अपने शुद्धतम स्वरूप की खबर देता है।

वृत्तिसारूप्यमितरत्र ॥ 4 ॥

अन्य अवस्थाओं में मन की वृत्तियों के साथ तादात्म्य रहता है।

क्या चित्त वृत्तियों का निराकरण होने से पूर्व साक्षी अपने स्वरूप में स्थित नहीं होता? महर्षि पतंजलि स्पष्ट शब्दों में कहते हैं-नहीं। योगी वह है जो अब साक्षी के साथ है; जो मन के साथ है; वह भला अपनी उपलब्ध अवस्था में अवस्थित कैसे रह पायेगा? सत्य के साथ होना और उसका साथ छोड़ मन के साथ होने में जो भेद है उसे योगी ही समझ पाता है। यह इतना सूक्ष्म है कि बिना साक्षी की उपस्थिति के हम भी अनेक बार मन के हाथों छले जाते हैं और हमें पता भी नहीं चलता कि कब सत्य का संग छोड़ हम मन के द्वारा छले गये। कब मन, बुद्धि, अहंकार की किसी यात्रा पर निकल पड़े। महर्षि पतंजलि कहते हैं कि हमें चौबीसों घण्टे अपने साक्षी भाव की रक्षा करनी चाहिये, मगर यह कठिन है। साक्षी को जानना एवम् अवस्थित अवस्था को समझ कर उसे बनाये रखना तथा अपने साक्षी की देख-रेख करना ही गहन साधना है। आगे के सूत्रों में महर्षि पतंजलि हमें बतायेंगे कि सतत अभ्यास एवम् वैराग्य रूपी दो पंखों के सहारे चेतना के मुमुक्षु अन्तस आकाश के मुक्त गगन में स्वतन्त्र विचरण कैसे कर सकते

हैं। मगर जीवन ऐसा है कि अनेक बार जीवन में हमारा मन की वृत्तियों से तादात्म्य स्थापित होता रहता है और जब-जब भी ऐसा होता है हम अपने वास्तविक स्वरूप को भूल जाते हैं। योगी शनैः शनैः आत्म निरीक्षण के माध्यम से जहाँ-जहाँ मन की वृत्तियों के साथ तादात्म्य होता है उन सभी अवस्थाओं को देखने में एवम् अपने मन के स्वभाव को समझने में सक्षम हो जाता है। किसी विषय में एम.ए., पीएच.डी. करना सरल है लेकिन बुद्ध, महावीर जैसी उपलब्धता पा जाना कोई बुद्धि विलाप नहीं वरन् स्वयं का रूपान्तरण है। महर्षि पतंजलि उसी रूपान्तरण की दीक्षा प्राणी मात्र को उपलब्ध करवा रहे हैं जहाँ उन वृत्तियों की आहुति देनी होगी जो हमें बार-बार क्लेशों में ले जाती है। वह अपने चित्त की असंख्य वृत्तियों एवम् उनकी उतनी ही प्रवृत्तियों को देख पाता है। यद्यपि चित्त की वृत्तियाँ असंख्य हैं। उन सभी वृत्तियों को महर्षि पतंजलि ने पांच भागों में विभाजित कियां है।

वृत्तयः पञ्चतय्यः क्लिष्टाक्लिष्टाः ॥ 5 ॥

मन की वृत्तियाँ पांच हैं। वे क्लेश का स्रोत्र भी हो सकती हैं और अक्लेश का भी।

मन बाहर एवम् भीतर के जगत् से तादात्म्य स्थापित करने का साधन है। मन का विवेकपूर्ण उपयोग हमें सभी क्लेशों से मुक्त कर सकता है। मन का अविवेकपूर्ण उपयोग हमें सब प्रकार के क्लेशों में धकेल सकता है। दैनदिन के जीवन में प्रत्येक इंसान मन को इतनी छूट दे देता है कि वह एक तरह से मन का गुलाम बन कर रहता है। गुलामी बेड़ी है, दासता है। एक आम इंसान मन को छूट दे देकर उसका गुलाम बन जाता है। वहीं बुद्ध उसकी स्वाभाविक गति को समझकर उस पर लगाम कसते चले जाते हैं एवम् उस पर पूर्णतया नियन्त्रण स्थापित कर लेते हैं। इस प्रकार वे मन का ठीक-ठीक उपयोग कर संसार के सारे क्लेशों, दुखों से मुक्त हो जाते हैं। यद्यपि मानव का एक छोर शरीर है दूसरा मन। मन का प्रभाव शरीर पर पड़ता है एवम् शरीर का मन पर। इस प्रभाव को द्रष्टा (जानने वाला) ठीक प्रकार से समझ सकता है कि कौन-सी वृत्ति क्लिष्ट है एवम् कौन-सी अक्लिष्ट। कुछ मन की स्वाभाविक क्रियाएँ ऐसी हैं जो विवेक से बदली जा सकती हैं मगर कुछ क्रियाएँ ऐसी हैं जिन्हें हम चाह कर भी नहीं बदल पाते हैं, यद्यपि वे स्थितियाँ हमें संताप, दुख, पीड़ा देने वाली हैं फिर भी हम

उन वृत्तियों से बाहर नहीं आ पाते हैं। साधक को भली-भांति समझ लेना चाहिये कि आध्यात्मिक राह में कौन उसका सहयोगी है और कौन विरोधी। कौन-कौन सी वृत्तियाँ हमारा सहयोग कर रही हैं एवम् कौन-कौन सी वृत्तियाँ असहयोग पर उतारू है। योगी अपने मन को भली-भांति समझता है। महर्षि पतंजलि ने इन्हें पांच हिस्सों में विभाजित किया है ताकि हम इन वृत्तियों को ठीक प्रकार से समझ सकें एवम् अपने जीवन के क्लेशों को दूर कर अक्लेश का मार्ग प्रशस्त कर पायें।

प्रमाणविपर्ययविकल्पनिद्रास्मृतयः ॥ 6 ॥

1. प्रमाण, 2. विपर्यय, 3. विकल्प, 4. निद्रा, 5. स्मृति-ये पाँच प्रकार की वृत्तियाँ हैं।

प्रमाण वृत्ति का भेद खोलते हुए महर्षि पतंजलि बतलाते हैं-

प्रत्यक्षानुमानागमाः प्रमाणानि ॥ 7 ॥

1. प्रमाण
प्रत्यक्ष, अनुमान एवम् आगम ये तीन प्रमाण हैं।

प्रत्यक्ष- को प्रमाण की आवश्यकता नहीं होती। प्रत्यक्ष ही प्रमाण है। इसे ठीक ज्ञान या सम्यक् ज्ञान कहें तब भी कोई अतिशयोक्ति नहीं होगी। फिर भी महर्षि पतंजलि जिस प्रत्यक्ष-प्रमाण की बात करते हैं उसे ठीक से समझ लेना आवश्यक है। यदि हम स्वकेन्द्र से ठीक से जुड़े हैं तो हमारी चित्त की आवाज भी एक सशक्त प्रमाण है यदि इस क्षमता को ठीक-ठीक विकसित किया जाये तो इस के अनुरूप जो कुछ भी जाना जाता है वह सत्य होता है। अपनी इस क्षमता के प्रति यदि हम ठीक प्रकार जागरूक हो जायें तो हम अपने अतीत एवम् भविष्य में झांक कर भी स्वयं के बाबत बहुत कुछ जान सकते हैं। चित्त की क्षमता है प्रमाण की, जो जैसा है उसे उसी रूप में तटस्थ भाव से समझने की। हम अपनी ऊर्जा को किसी भी दिशा में केन्द्रित कर उसका सदुपयोग कर अनेक प्रकार के कार्य कर सकते हैं। चित्त के पास अपनी प्रज्ञा, ऋतम्भरा शक्ति को विकसित करने की क्षमता है।

अनुमान - जैसे सांझ के समय किसी घर से धुआं उठते देखकर हम यह अनुमान लगा सकते हैं कि उस घर में अंगीठी पर भोजन बन रहा है।

रेगिस्तान की किसी बरसाती नदी में पानी आने पर हम कहीं बारिश होने का अनुमान लगा सकते हैं। ऐसे ही संसार को देखकर इसकी अनित्यता का भान लगाया जा सकता है। संसार के दु:खों को देखकर कभी-कभी स्वत: ही संसार के प्रति हमारा वैराग्य भाव बढ़ जाता है तब हम संसार में रहकर भी किसी प्रतियोगिता के सहभागी नहीं होते। द्रष्टा जब उपस्थित हो जाता है तब उस भाव में रमण करना चित्त को बहुत भाता है, जिससे योग के साधनों में हमारी श्रद्धा निरन्तर बढ़ती चली जाती है और महर्षि पतंजलि द्वारा प्रदत्त योग मार्ग हमें पसन्द आने लगता है।

आगम - महर्षि पतंजलि के ये योग सूत्र भी आगम ही हैं। इन्हें यदि हम ठीक तरह से आत्मसात् कर लें तो ये हमारे अन्त:करण् को रूपान्तरित कर हमें नया जीवन प्रदान करने की क्षमता रखंते हैं। इनके अध्ययन से योग साधना के पथ पर हम बड़े उत्साहं से बढ़ते चले जा सकते हैं और हम स्वंयं के अक्लेश का मार्ग प्रशस्त कर सकते हैं। योग वशिष्ठ, महावीर वाणी, बुद्ध वाणी, अष्टावक्र गीता, गीता, रामायण, उपनिषद्, जिन सूत्र आदि प्राचीन ग्रन्थ भी हमारा मार्ग प्रशस्त कर सकते हैं।

2. विपर्यय- इस माया के संसार में यह जरूरी नहीं कि हम सदैव अपने चित्त की आवाज को सुन पायें; जरूरी नहीं कि हमारी ऊर्जा सही दिशा में ही प्रवाहित हो; यह भी जरूरी नहीं कि चित्त की वृत्तियों का सदैव हम सदुपयोग ही करें। सच्चाई तो यह है कि हम अपनी कुदरती शक्तियों का सही दिशा में उपयोग बहुत कम कर पाते हैं और हम अपनी चित्त की शक्तियों का उपयोग भी करते हैं तो गलत दिशा में। उसे ही महर्षि पतंजलि विपर्यय कहते हैं। विपर्यय का अर्थ है झूठा ज्ञान। संसार में सुख प्राप्ति के लिये हम अनेक एषणाओं के पीछे बेतहाशा दौड़ते रहते हैं और अंततोगत्वा दुख उठाते हैं। हम संसार में करना तो बहुत कुछ अच्छा चाहते हैं फिर भी बुरा हो जाता है, यह विपर्यय है। जैसे एक शराबी की दुनिया, पागल की दुनिया, स्वार्थों का नजरिया भी होता है जो नितान्त मिथ्या है, और भी बहुत से हैं जिन्हें यह सब ठीक लगता है। विपर्यय में जीना ही तो मनुष्य का स्वभाव है। महर्षि पतंजलि के अनुसार दुनिया के श्रेष्ठ बन्धु सत्य को पाना चाहते हैं, आत्मसात् करना चाहते हैं, वहीं अनेक हैं जिनके भीतर सत्य की कोई प्यास नहीं। वे 'विपर्यय' में रहकर ही खुश हैं। महर्षि पतंजलि के

अनुसार ऐसे लोग जीवन पाकर भी सही मायनों में जीवन के अर्थ को ठीक रूप से समझ पाने में अक्षम होते हैं।

3. विकल्प - चित्त की तीसरी शक्ति है विकल्प। कल्पना शक्ति के माध्यम से हम अनगिनत सपने संजोते हैं। उन सपनों में खो जाते हैं एवम् यथार्थ जीवन से दूर रहकर सिर्फ काल्पनिक जीवन जिया करते हैं। इस प्रकार हम स्वयं के लिये खाई खोद रहे हैं। मगर इसी चित्त की वृत्ति का ठीक ढंग से उपयोग कर स्वयं का जीवन सुधार भी सकते हैं। मनोवैज्ञानिक कहते हैं बच्चे कल्पना एवम् यथार्थ में भेद नहीं कर पाते। यदि कोई बालक स्वप्न में किसी खिलौने से खेल रहा है और अचानक वह जाग जाये तो बहुत बार जागृत अवस्था में भी वह नींद के खिलौनों को पाने की जिद्द करता है। उसे कल्पना एवम् यथार्थ का पता नहीं चलता। हम भी तो यही कर रहे हैं। फर्क सिर्फ इतना है कि बच्चों के खिलौने निर्जीव हैं हमारे सजीव। हम भी तो इस जगत् में एक-दूसरे को खिलौना समझकर खेल ही रहे हैं। जो हमारा खिलौना बनने को तैयार नहीं, जो कल्पना एवम् यथार्थ का भेद हमें बताये उस पर हम अकारण भी तो कितना नाराज हो जाते हैं। उसे कितना बुरा भला कह देते हैं। हमें स्वयं को नहीं पता कि हर इंसान को हम खिलौना समझ खेलना क्यों चाहते हैं। हम अपने आप में पूर्ण होकर भी स्वयं को इतना अतृप्त क्यों महसूस करते हैं। शायद इसलिये कि खिलौनों से खेलना अभी हमने छोड़ा नहीं। जीवंत इंसान को वस्तु बनाने की आदत अभी हमारी गई नहीं।

4. निद्रा - गहरी नींद विश्रान्ति की परम् अवस्था है। यह जीवनदायिनी शक्ति है। यह परमात्मा द्वारा दिया गया सहज विश्राम है। जो लोग गहरी नींद लेते हैं उनके लिये गहरी नींद ही ध्यान है। जो गहरी नींद में सोता है वह अगले दिन उतना ही जीवन्तता को अनुभव करता है। उसके लिये हर दिन नये जीवन की शुरुआत है। मगर हमने चित्त की शक्तियों का भी ठीक रूप से उपयोग नहीं किया। आज स्थिति यह है कि संसार में आधी से अधिक जनसंख्या चैन एवम् अमन से सो भी नहीं पाती। यदि हम नींद में बेचैन रहते हैं तो हम स्वयं को ताजगी से भरा कैसे अनुभव करेंगे। महर्षि पतंजलि कहते हैं कि नींद में खलल उत्पन्न होने से भी हम अपने लिये अनेक तकलीफों को पैदा कर लेते हैं। नींद की बेचैनी जहाँ हमारे लिये क्लेशों को

पैदा करने वाली है वहीं गहरी नींद हमें अनेक प्रकार के क्लेशों से मुक्ति दिलवाने में सहायक है।

मनोवैज्ञानिक ऐसा मानते हैं कि जिस क्षण हम नींद में प्रवेश करते हैं वह क्षण बड़ा अनमोल होता है। सुबह जब हम जागते हैं तब रात्रि का अन्तिम विचार ही हमारा सुबह का पहला विचार होता है। उदाहरण के तौर पर यदि हम ओम् का मानसिक जाप करते-करते सो गये तो सुबह जब हमारी नींद खुलेगी तो ओम् ही हमारा पहला विचार होगा। इस प्रकार सम्पूर्ण रात्रि नींद में भी हमारी श्वासों के साथ ओम् का जाप चलता रहेगा। इस प्रकार हमारी नींद स्वप्नरहित भी होगी और नींद का उपयोग भी जाप के रूप में हो जायेगा जिससे प्रातःकाल हम स्वयं को ऊर्जा से ओत-प्रोत एवम् परम् विश्रान्ति की अवस्था को अनुभूत करेंगे।

5. स्मृति - महर्षि पतंजलि ने स्मृति को भी चित्त की वृत्ति माना है। मानव मन का स्वभाव ऐसा होता है कि वह सुख-दुख की सभी घटनाओं को अपनी स्मृति में संजो कर रखता है और अपने जीवन में घटी सुख-दुख की घटनाओं को लेकर आनन्दित एवम् दुखी होता रहता है। इस प्रकार वह सुख-दुख की अनुभूतियों से बाहर नहीं आ पाता। नकारात्मक दृष्टि दुखों को संजोकर रखती है वहीं सकारात्मक दृष्टि सुखों को संजोकर रखती है। महर्षि पतंजलि अतीत की दोनों प्रकार की स्मृतियों से योगी को मुक्त करना सिखाते हैं। वे स्मृति के साथ बोध को जोड़कर सम्यक् स्मृति की बात करते हैं। स्मृतियों के प्रति साक्षी भाव रखने पर हम न केवल अतीत से मुक्त हो पाते हैं वरन् वर्तमान में उन गलतियों को दोहराते भी नहीं क्योंकि हम अतीत की गलतियों के प्रति सजग हो गये होते हैं। यही कारण है कि हम वर्तमान में उन गलतियों एवम् नादानियों की पुनरावृत्ति नहीं करते। गलतियों की पुनरावृत्ति न होने से ही हमारी स्पष्टता बढ़ती है, हमारी दृष्टि सजग एवं पैनी होती है जो कि हमें होशवान बनाती है।

विपर्ययो मिथ्याज्ञानमतद्रूपप्रतिष्ठम् ॥ 8 ॥

विपर्यय एक मिथ्या ज्ञान है, जो विषय से उस तरह मेल नहीं खाता जैसा वह है।

रस्सी को रस्सी न समझ कर सांप समझ लेना मिथ्या ज्ञान है।

किसी भी वस्तु के असली स्वरूप को न समझकर उसे दूसरी ही वस्तु मान लेना मिथ्या ज्ञान है, जैसे सीप में चांदी होती नहीं वरन् ऐसी प्रतीति होती है।

शब्दज्ञानानुपाती वस्तुशून्यो विकल्पः ॥ 9 ॥

शब्दों से बनी धारणा जिसके पीछे कोई ठोस वास्तविकता नहीं होती, वह विकल्प है, कल्पना वृत्ति है।

सोमनाथ के मन्दिर पर जब मोहम्मद गजनवी ने आक्रमण किया उस समय तक वहाँ के पंडित यह कल्पना करते रहे थे कि सोमनाथ स्वयं आकर हमारी व अपनी रक्षा करेंगे एवम् मोहम्मद गजनवी को सजा देंगे। मगर ऐसा नहीं हुआ। मोहम्मद गजनवी थोड़े से सैनिकों के साथ आया और हिन्दुस्तान की धरती को रौंदता हुआ चला गया। उसने सोमनाथ के पंडितों का सर कलम कर दिया और मन्दिर को पूरी तरह लूट लिया। सभी मूर्त्तियों के अंग भंग कर दिये। यदि उस काल के पंडित पौराणिक मिथकों पर विश्वास न करते और बहादुरी से आक्रान्ताओं का मुकाबला करते तो शायद हमारा देश हजारों वर्षों की गुलामी की पीड़ा को न झेलता। कहते हैं ईश्वर उनकी सहायता करता है जो अपनी सहायता करने को तैयार रहते हैं। यहाँ तक की ईश्वर की प्रचलित परिकल्पना एवम् महर्षि पतंजलि की ईश्वर की कल्पना में भी भेद है। महर्षि पतंजलि ने तो ईश्वर की कल्पना भी पुरुष रूप में की है। जो वृत्तियाँ मनुष्य को ईश्वर के चिन्तन में लगाती हैं उन्हें अक्लिष्ट कहा जा सकता है एवम् जो वृत्तियाँ भोगों में प्रवृत्त करने वाली हैं उन्हें क्लिष्ट वृत्ति की संज्ञा दी गई है। योगी को महर्षि पतंजलि के सूत्रों का गहन अध्ययन कर स्वयं की क्लिष्ट एवम् अक्लिष्ट वृत्तियों के भेद को समझना चाहिये। यद्यपि शब्दों के पीछे विचार होते हैं कोई ठोस धारणा नहीं होती, कोई वास्तविकता नहीं होती वह मात्र कल्पना होती है। मगर कल्पना का अपना महत्त्व है। यह संसार जैसा आज है वह कभी हमारी कल्पना का हिस्सा था। सारे स्वप्न, सारी आकांक्षाएँ पहले हमारी कल्पना का हिस्सा होती हैं। फिर धीरे-धीरे वे कल्पना एवम् संकल्प शक्ति के संयोग से मूर्त रूप लेती चलती हैं। महर्षि पतंजलि यहाँ हमें शब्दों से बनी धारणा, जिसके पीछे कोई ठोस वास्तविकता नहीं होती, उस तरफ इशारा कर रहे हैं। साथ

ही यह भी बता रहे हैं ये धारणाएं जहाँ क्लिष्ट हो सकती हैं वहीं अक्लिष्ट भी हो सकती हैं।

कबीर कहते हैं 'बुरा जो देखन मैं चला बुरा न मिलिया कोय, जो दिल खोजा आपणा मुझ से बुरा न कोय।' यदि हम यह मान कर बैठ जायेंगे कि हमारे सारे दुर्गणों को ईश्वर स्वयं हर लेगा तो शायद हम महर्षि पतंजलि के अनुरूप स्वयं का आत्म निरीक्षण न कर पायें और स्वयं की साधना के मार्ग में ही बाधा उत्पन्न कर लेंगे। यदि किसी भी कारण हमारी साधना अवरुद्ध होती है तो हमें दूसरों पर दोषारोपण करने की बजाए स्वयं की क्लिष्ट विकल्प वृत्ति की तरफ ध्यान देना चाहिये। महर्षि पतंजलि, बुद्ध, महावीर ऐसी उपलब्ध आत्माएँ हैं जो संसार के बीच में रहकर भी सारे सांसारिक क्रियाकलापों से ऊपर उठ चुकी हैं।

महर्षि पतंजलि के ये सूत्र भी मानव स्वभाव के गहन अध्ययन के बाद प्रतिपादित किय गये ऐसे विरले सूत्र हैं जो मानव मात्र के कल्याण का रास्ता हमारे सम्मुख प्रस्तुत करते हैं।

अभावप्रत्ययालम्बना वृत्तिर्निद्रा ॥ 10 ॥

चित्त की वह वृत्ति जो अपने में किसी विषयवस्तु के अभाव पर आधारित होती है निद्रा वृत्ति कहलाती है।

अभाव का अर्थ है अनुपस्थिति। सुख यानी दुख का अभाव। जहाँ दुख नहीं है उस स्थिति में सुख लाना नहीं पड़ेगा स्वत: ही वह अवस्था सुख की होगी। प्रत्यय का अर्थ है विश्वास, धारणा, ज्ञान। आलंबन का अर्थ है सहारा। वृत्ति का अर्थ है चित्त की विशेष अवस्था। निद्रा का अर्थ है नींद की अवस्था।

जब कोई गहरी नींद में सोता है तो उठने के पश्चात् उसके वक्तव्य ऐसे होते हैं कि मेरी बेहोशी की नींद है। जब मैं सोता हूँ तो घोड़े बेच कर सोता हूँ। यह जो नींद की अवस्था को जानने वाला है यह हमारा चित्त है। इसीलिये महर्षि पतंजलि ने नींद को भी चित्त की वृत्ति की संज्ञा दी है। चित्त ही नींद की अवस्था को, बेहोशी की अवस्था की संज्ञा, अनुभूति के आधार पर प्रदान करता है।

गहरी नींद स्वप्नरहित होती है समाधि के समान। निद्रा चित्त की वृत्ति है, चित्त का वरदान भी, जो हमें सब प्रकार के क्लेशों से मुक्त करती है।

मगर नींद खो जाये तो यह क्लेशों को आमंत्रित करती है, क्लिष्ट वृत्ति का रूप धारण कर लेती है।

नींद का चित्त से बड़ा गहरा सम्बन्ध है। मन का दूसरा छोर ही शरीर है। अतः शरीर की जिन इच्छाओं की पूर्ति हम नहीं कर पाते वे इच्छाएँ भांति-भांति के रूपों में हमारे स्वप्नों का हिस्सा बन प्रकट हो जाती हैं। मजे की बात यह है कि हम सिर्फ सोते हुए ही स्वप्न नहीं देखते वरन् जागते हुए भी स्वप्नों के संसार में कैद रहते हैं। यदि हमारे स्वप्न हम से छीन लिये जायें तो हमारा जीना दूभर हो जाएगा। तंत्र में कुछ ऐसी विधियाँ भी हैं। जिन विधियों के माध्यम से हम अपनी इच्छा के अनुरूप स्वप्नों को मूर्त रूप दे सकते हैं। ध्यान के कुछ ऐसे प्रयोग भी हैं जो स्वप्न में भी हमें जागृति भाव की अनुभूति दे सकते हैं। ऐसा भी सम्भव है कि हमारा शरीर सोता रहे फिर भी चेतना जागती रहे। मगर यदि किसी की नींद गहरी है तो वह हमें हमारी हजार तरह की व्याधियों से मुक्त रखने में सक्षम है। नींद अस्तित्व का ऐसा वरदान है जो प्रत्येक व्यक्ति को उपचारित करने की क्षमता रखती है।

अनुभूतविषयासम्प्रमोषः स्मृतिः ॥ 11 ॥

अनुभव किये हुए विषय का चित्त में प्रकट हो जाना स्मृति कहलाती है।

जैसे आप किसी राह से गुजर रहे हैं। रास्ते के एक वृक्ष पर आपकी नजर गयी और आपकी स्मृति में वह वृक्ष याद आ गया जिसके नीचे बाल्यावस्था में आप खेला करते थे, वे बालसखा याद आ गये, वह झूला याद आ गया जिस पर आप झूला करते थे। ऐसे अनुभव किये विषय का चित्त में प्रकट हो जाना स्मृति कहलाती है। स्मृति वृत्ति भी अन्य वृत्तियों के समान क्लिष्ट एवम् अक्लिष्ट है। जिस स्मृति से मनुष्य का भोगों में वैराग्य होता है तथा जो योग साधना के प्रति श्रद्धा और उत्साह बढ़ाने वाला एवम् आत्मज्ञान में सहायक है, वह अक्लिष्ट है और जिससे भोगों के प्रति आकर्षण बढ़ता है, वह क्लिष्ट वृत्ति है। इन सूत्रों के माध्यम से महर्षि पतंजलि ने योग के अनुशासन, योग के लक्षण और चित्तवृत्तियों के लक्षणों पर प्रकाश डाला है ताकि हम स्वयं की चित्तवृत्तियों का मूल्यॉंकन भली-भांति कर सकें। अब महर्षि पतंजलि हमें चित्तवृत्तियों के निराकरण का मार्ग बतलायेंगे।

अभ्यासवैराग्याभ्यां तन्निरोधः ॥ 12 ॥

चित्त की वृत्तियों का निराकरण अभ्यास और वैराग्य से होता है।

चेतना के मुमुक्षु योगी के दो पंख हैं जिनके सहारे वह मुक्त-गगन की यात्रा कर सकता है। योगी को सतत आन्तरिक अभ्यास करना होता है। ध्यान साधना का अभ्यास या साक्षी भाव को सतत बनाये रखने का अभ्यास। साथ ही संसार के प्रति वैराग्य का भाव भी आवश्यक है। अभ्यास एवम् वैराग्य योगी के ऐसे दो पंख हैं जिनके बिना योगी की आध्यात्मिक उड़ान, यात्रा सम्भव नहीं। महर्षि पतंजलि चित्त की वृत्तियों के निराकरण हेतु अभ्यास एवम् वैराग्य की महत्त्वपूर्ण भूमिका मानते हैं।

महर्षि पतंजलि की शरीर विज्ञान सम्बन्धी समझ बहुत गहरी है। शरीर को भूख प्यास ही नहीं लगती वरन् शरीर अपने तल पर बहुत कुछ भोगना चाहता है। उन प्रबल भोग की इच्छाओं का होश एवम् जागृति से कोई बहुत गहरा संबंध नहीं होता। चित्त की वृत्तियों का प्रवाह जन्मजन्मांतरों से सांसारिक भोगों की ओर चल रहा है। उस प्रवाह को रोकने का उपाय अभ्यास एवम् वैराग्य है।

हमारी समझ का संबंध बुद्धि से तो है मगर शरीर से नहीं। यही कारण है कि हम बुद्धि तल से अनेक प्रकार के संकल्प करते हैं मगर उन संकल्पों को शरीर मानने से इंकार कर देता है। सत्संग के प्रवचन में बहुत अच्छी-अच्छी बातें सुनने को मिलती है। लेकिन हम उनका प्रयोग व्यावहारिक जीवन में नहीं कर पाते। हमारा मन एवम् शरीर हम पर हावी हो जाता है।

सतत् अभ्यास से ऐसा सम्भव है कि हम चेतन मन के विचारों को अचेतन मन में प्रवेश करवा पायें और ऐसा सिर्फ सतत आन्तरिक अभ्यास से ही सम्भव हो पाता है। यदि यह सतत अभ्यास श्रद्धा, निष्ठा, भक्ति के साथ किये जायें तो परिणाम बेहतर मिलने के साथ-साथ जल्दी भी मिलते हैं। योगी अनेक बार अधीर होकर अभ्यास छोड़ देते हैं। अधीरता आध्यात्मिक मार्ग में सबसे बड़ी बाधा है। बिना श्रद्धा एवम् निष्ठा के कुछ लोग वर्षों आसन, योग, प्राणायाम का प्रयोग करते चलते हैं जिनसे शरीर के तल पर थोड़ा स्वास्थ्य लाभ तो उन्हें मिलता है परन्तु वे अपनी बुरी आदतों एवम् व्यसनों से मुक्त नहीं हो पाते, जबकि श्रद्धा-भक्ति पूर्वक किया गया अभ्यास रूपान्तरणकारी होता है। स्वयं का रूपान्तरण एवम् शुद्धिकरण

अभ्यास एवम् वैराग्य से ही सम्भव है। योगी वह नहीं है जिसका चरित्र ठीक दिखाई देता है वरन् योगी वह है जो बुरा नहीं कर सकता, बुरा नहीं सोच सकता। सत्कर्म ही जिसकी श्वासों का हिस्सा बन गया है। उसके द्वारा किये एवम् अनकिये कर्म ही सत्कर्म हो गये हैं।

अतः सतत अभ्यास सन्मार्ग की तरफ ऊर्जा को प्रवाहित करने में सहयोगी बनता है।

तत्र स्थितौ यत्नोऽभ्यासः ॥ 13 ॥

इन दो में अभ्यास स्वयं में स्थित होने का साधन है।

योग मन की समाप्ति है और मन चंचल है। निरन्तर वृत्तियों के पीछे भागना उसकी स्वाभाविक प्रक्रिया बन गयी है। मन को स्थिर करने हेतु बारम्बार चेष्टा करते रहने को हम अभ्यास कहते हैं। अभ्यास के अनेक प्रकार हैं जिनके माध्यम से हम स्वयं में स्थितप्रज्ञ हो सकते हैं। योग, व्यायाम, प्राणायाम एवम् ध्यान की अनेक विधियाँ होने का प्रमुख कारण भी यही है कि एक विधि किसी योगी के लिये सुगम है तो कोई दूसरी विधि किसी अन्य योगी के लिये सुगम है। साधकों को अपनी सुगमता के अनुरूप ही इन विधियों की अनुपालना करनी चाहिये। विधियों के प्रति साधक की रुचि, श्रद्धा, निष्ठा, नियमितता अनुशासन से किया गया सतत अभ्यास जरूरी है। भारतीय वाङ्मय की सकारात्मक सोच है कि यदि कोई अच्छा विचार मन में उठे तो उसे स्थगित मत करो। यदि कोई बुरा विचार मन में उठे तो उसे स्थगित कर दो। मगर यह समझ सिर्फ बुद्धि से नहीं आ सकती, इसे अन्तस तक ले जाने के लिये सतत अभ्यास एक आवश्यक प्रक्रिया है। क्योंकि हमारी आदतों का ढांचा जन्म-जन्मान्तरों का है। यदि हम इसे एक जन्म में बदल पायें तो देर कहाँ? अतः बिना अधीर हुए सतत अभ्यास करना चाहिये।

अकसर मन की चंचलता में कर्ता एवम् कर्म के बीच का अन्तराल खो जाता है और हम भोक्ता बन जाते हैं। लेकिन हम सतत अभ्यास के द्वारा उस अन्तराल को देख पाते हैं। दृष्टा भाव के पनपने से ऐसा सम्भव है। द्रष्टा भाव से भोगने वाला तिरोहित हो जाता है। जितना अन्तराल कर्ता एवम् कर्म के बीच पैदा होता है उतनी पवित्रता बढ़ती है। फिर ऐसा समय भी

आता है जब मानव शरीर परम् का मंदिर हो जाता है। एक-एक घर में जो परमात्मा है अभ्यास द्वारा उसे चेताया जा सकता है।

स तु दीर्घकालनैरन्तर्यसत्कारासेवितो दृढ़भूमिः ॥ 14 ॥

बिना किसी व्यवधान के श्रद्धा भरी निष्ठा के साथ लगातार लम्बे समय तक इसे जारी रखने से वह दृढ़ अवस्था वाला हो जाता है।

आज दैनदिन का जीवन ऐसा है कि अनेक प्रकार के चाहे अनचाहे व्यवधान जीवन में आते रहते हैं। इनमें भी सबसे बड़ा व्यवधान तो हमारा स्वयं का मन है जो आलस्य, प्रमाद एवम् जड़ता, काम, क्रोध, लोभ, मोह, द्वेष के कारण अनेक प्रकार के व्यवधान पैदा करता रहता है। महर्षि पतंजलि कहते हैं मन की मत सुनो एवम् नियमित अभ्यास करते चलो। अभ्यास करते-करते एक राज की बात समझ में आयेगी। रोज के नियमित अभ्यास से हम प्रातः काल ब्रह्माण्ड की नवीन ऊर्जाओं से ओत-प्रोत हो जाते हैं। और अपने भीतर असीम शान्ति और सुकून का अनुभव करते हैं। शनैः शनैः यह योगाभ्यास दैनदिन के तनावों से, जिन्दगी के उतार-चढ़ाव से हमें मुक्त रखता है। साथ ही मन की स्वाभाविक चंचलता से भी हमें मुक्ति दिला देता है। तब हमें समझ में आता है कि महर्षि पतंजलि निरन्तर बिना किसी व्यवधान के सतत अभ्यास की प्रेरणा क्यों देते हैं? सतत अभ्यास के साथ यदि श्रद्धा एवम् निष्ठा का समन्वय हो जाये तो सोने में सुहागा। बिना श्रद्धा एवम् निष्ठा के हम जो कुछ भी करते हैं वह बड़ा यांत्रिक होता है। यांत्रिकता से हमारी जीवन्तता का ह्रास होता है। जो अभ्यास बिना श्रद्धा एवम् निष्ठा से किये जाते हैं वे सिर्फ शारीरिक लाभ दे पाते हैं। जिनसे स्थूल शरीर को स्वास्थ्य लाभ मिलता है जो कि सिर्फ बाहरी शारीरिक लाभ है। श्रद्धा एवम् निष्ठा से किया गया योगाभ्यास हमें बाहरी एवम् आन्तरिक सम्पन्नता प्रदान करता है। इस प्रकार हमारा आन्तरिक अभिकरण जागृत होने की सम्भावनाएँ बढ़ जाती हैं। शुद्धिकरण एवम् रूपान्तरण के लिये श्रद्धा एवम् निष्ठा का विशेष महत्त्व है। श्रद्धा एवम् निष्ठा से ही हमारे जीवन में पावनता आती है। महर्षि पतंजलि कहते हैं अभ्यास एवम् वैराग्य मन के रूपान्तरण में मदद करते हैं। मन के निराकरण से ही तो अमन की स्थिति पनपती है जहाँ हम अपने स्वरूप में अवस्थित हो पाते हैं। वह स्वरूप ही तो हमारी नियति है।

दृष्टानुश्रविकविषयवितृष्णस्य वशीकारसंज्ञा वैराग्यम् ॥ 15 ॥

वैराग्य देखे व सुने तृष्णारहित चित्त की वशीकारसंज्ञा नामक पहली अवस्था है।

महर्षि पतंजलि की नजर में हमारा संघर्ष किसी दूसरे से नहीं वरन् स्वयं की गलत आदतों से है। ये गलत आदतें हमारे जीवन में भांति-भांति की बाधाएँ उत्पन्न करती रहती हैं। जब तक यह हलचल हमारे जीवन से तिरोहित नहीं होती तब तक कुदरती शक्तियाँ हमारे जीवन में ठीक रूप से प्रवाहित नहीं होती। हमारा संघर्ष हमारी गलत आदतों के प्रति है ताकि उन आदतों से मुक्त हो हम अपने स्वभाव में अवस्थित हों।

नैतिक मूल्यों को ढोना और उन मूल्यों की अनुपालना करने में बड़ा फर्क है। कुछ बातें जो हमें अच्छी लगती हैं सिर्फ पढ़ सुन लेने से वे बातें हमारे चरित्र की विशेषताएँ नहीं बनती। जिन आदतों को हम गलत मानते हैं उन्हीं को तो लुक-छिप कर, दुराव-छिपाव के साथ मूर्त रूप देने की कोशिश करते हैं। यही दुराव छिपाव तो हमारी कथनी एवम् करनी में भेद उत्पन्न करता है। ऐसा व्यवहार हमें स्वयं के बाबत एवम् दूसरों के बाबत भी ठीक नहीं लगता। जो लोग आत्मा की आवाज को सुन पाते हैं उनको यह स्थिति काफी तकलीफदेह मालूम होती है। हम अपनी आदतों के इतने गुलाम होते हैं कि गुलामियत के साथ जीना तो हम मंजूर कर लेते हैं मगर बुरी आदतों को छोड़ कर जीना हमें आता ही नहीं। हम सत्य की सिर्फ बातें करते हैं सत्य को कबूल नहीं कर पाते। सत्य को वही व्यक्ति स्वीकार कर सकता है जिसने इस लोक एवम् परलोक के ऐन्द्रिय सुखों की तृष्णा से मुक्ति पा ली है। जिसने अन्तःकरण और इन्द्रियों के द्वारा प्रत्यक्ष अनुभव में आने वाले समस्त भोगों का समाहार कर दिया है और परलोक के स्वर्ग-नरक, पाप-पुण्य और विभिन्न प्रकार के भोगों के प्रति भी जिसके मन में निराकांक्षा का भाव है। ऐसी अवस्था को ही महर्षि पतंजलि ने वैराग्य की वशीकार अवस्था माना है।

तत्परं पुरुषख्यातेर्गुणवैतृष्ण्यम् ॥ 16 ॥

परम् के अन्तरतम स्वभाव को जानने के कारण समस्त इच्छाओं का विलीन हो जाना वैराग्य की परम् अवस्था है।

महर्षि पतंजलि का यह सूत्र रहस्यमयी प्रतीत होता है। विरोधाभासी भी लग सकता है। कभी-कभी विरोधाभासी लगने वाले वक्तव्य सत्य को बड़े ही सुन्दर ढंग से प्रस्तुत करने में सक्षम होते हैं। ठीक ही तो है संसार की सारी इच्छाएँ स्वयं की आत्मा को न जानने से ही तो उत्पन्न होती हैं। जिसने स्वयं को जान लिया समझो परम् को जान लिया। परम् को जानने के बाद भला कोई इच्छा शेष रहती है क्या? महर्षि पतंजलि कहते हैं इच्छाओं का विलीन हो जाना ही तो वैराग्य की परम् अवस्था है। पुरुष ही तो वह अन्तरवासी है जो शरीर रूपी घर में रहता है। पुरुष ही परम् का स्वरूप है। परम् के दर्शन अन्तरमन में कर लेना ही समस्त उलझनों से बाहर आ जाना है। ऐसा निराकांक्षी ही सही मायनों में योगी है। योगी ही ऐसी सर्वथा राग रहित अवस्था में स्थित होता है। इसी अवस्था को महर्षि पतंजलि ने परमवैराग्य की अवस्था माना है। ऐसी अवस्था में किसी प्रकार का दुःख उत्पन्न नहीं होता क्योंकि अपने ही घर में परम् से हमारा परिचय हो जाता है। देखने वाले ने उसे पहचान लिया जो उसका वास्तविक स्वरूप है। आँख में पड़ा कचरा निकल गया, आँखें निर्मल हुई, उसका दुख घट गंया ऐसी निराकांक्षा की अवस्था को पुरुष ने पा लिया जहाँ से समाधि के द्वार खुल सकते हैं। जिस प्रकार श्रेष्ठ फसल पाने के लिये किसान को खेत में हल जोतना पड़ता है, झाड़-झंकार को हटाना पड़ता है ठीक उसी प्रकार महर्षि पतंजलि निराकांक्षा की साफ-सुथरी अवस्था की बात करते हैं। बस हम समाधि के द्वार पर आ गये, हमने अपनी गलत आदतों, अभिवृत्तियों, इच्छाओं को गिरा दिया, तो फिर निराकांक्षा की परम् अवस्था पानी नहीं पड़ती, वह तो इनके गिरने से स्वयं प्रकट हो जाती है।

समाधि द्वार है प्रभु का

वितर्कविचारानन्दास्मितारूपानुगमात् सम्प्रज्ञातः ॥ 17 ॥

वितर्क, विचार, आनंद और अस्मिता के भाव से युक्त समाधि, संप्रज्ञात समाधि है।

तर्क तीन प्रकार के होते हैं। कुतर्क जो कि नकारात्मक सोच का परिचायक है। तर्क-वितर्क के द्वारा तर्क का निरीक्षण भी किया जा सकता है और तर्क के पार भी जाया जा सकता है। वितर्क की व्याख्या अनेक पुस्तकों में गलत ढंग से की गयी है। जबकि मेरी नज़र में विशिष्ट तर्क को

वितर्क कहा जाता है। तर्क नैतिक मूल्यों को प्रस्तुत करने की क्षमता रखता है। तर्क से ही तरीका, तकनीक जैसे शब्द जुड़े हैं। हमारे जीने का तरीका (ढंग) हमारे जीवन के प्रति मूल्यों को भी दर्शाता है। वितर्क में जीना यानी विशिष्ट तरीके से जीना। निषेध की तरफ उन्मुक्त होने वाला तर्क, कुतर्क कहलाता है। अंततोगत्वा यह व्यक्ति को नास्तिकता की ओर ले जाता है।

दूसरा तर्क ऐसा होता है कि व्यक्ति तार्किक हो जाता है और तर्क के माध्यम से अहम् की पुष्टि करता रहता है।

तीसरा तर्क जिसे वितर्क कहा जाता है यह योगियों के लिये आवश्यक है। यह विधायक है, सकारात्मक है। ऐसा व्यक्ति सकारात्मक स्पष्टवादी होता है। द्वन्द एवम् भ्रम में नहीं जीता। उसका जीने का अपना ढंग होता है। यह दुनिया की सब प्रकार की प्रतियोगिताओं से मुक्त होता है। यह विशिष्ट तर्क आत्मा के सत्य के बड़ा निकट है। द्रष्टा भाव से स्वयं के ऊपर कार्य करते-करते जब स्वयं की शुद्धि हो जाती है तब योगी वितर्क में जीता है। सम्प्रज्ञात समाधि के लिये वितर्क युक्त होना महर्षि पतंजलि की दृष्टि में अनिवार्य शर्त है।

विधायक तर्क (विशिष्ट तर्क) का हमारी विचार शक्ति से बड़ा गहरा सम्बन्ध है। इस संसार में तत्त्वचिन्तक वे ही लोग हैं जिनकी दृष्टि विधायक है, जो सत्यान्वेषी है। वितर्क क्षमता के बिना कोई तत्त्वचिन्तक नहीं हो सकता क्योंकि वितर्क युक्त भावों को अनुभूत किये बिना विचरणा शक्ति उदित नहीं होती। एक विचारक भी स्वयं को चिन्तक मान सकता है। सारा शहर भी उसे चिन्तक मान सकता है मगर एक विचारक एवम् तत्त्व चिन्तक में बड़ा फर्क है जिसे सिर्फ सत्य के पिपासु, चेतना के मुमुक्षु योगी ही समझ सकते हैं। जिसका अध्यात्म से कोई सरोकार नहीं वह भला कैसा तत्व-चिन्तक?

विशिष्ट तर्क में जीने वाले का जीवन तो सहज, सरल, विश्रान्ति का प्रतीक होता है। उसके भीतर एक अन्तर व्यवस्था होती है। ऐसी अन्तर व्यवस्था जिसमें उसका अहंकार तिरोहित हो चुका होता है। वह सदैव अपने भीतर एक आनंद की स्थिति को अनुभूत करता है। सम्यक् तर्क एवम् सम्यक् विचार से व्यक्ति के भीतर आनंद के अतिरेक का झरना स्वतः ही प्रवाहित होने लगता है उस आनंद में व्यक्ति का अहंकार भी तिरोहित हो जाता है, सिर्फ होने भर का एहसास शेष रहता है। महर्षि पतंजलि के

अनुसार यह स्थिति संप्रज्ञात समाधि की है जिसमें वितर्क, विचार, आनंद और अस्मिता के भाव समाहित हैं।

विरामप्रत्ययाभ्यासपूर्वः संस्कारशेषोऽन्यः ॥ 18 ॥

असंप्रज्ञात समाधि में सारी मानसिक क्रिया की समाप्ति होती है और मन केवल अप्रकट संस्कारों को धारण किये रहता है।

असंप्रज्ञात समाधि में मन शांत है, उसमें कोई लहर नहीं। साक्षी की नजर से देखें तो दर्पण जैसा। मगर उस दर्पण में अप्रकट संस्कार दिखाई देते हैं । सब शान्त है फिर भी बहुत से जन्म-जन्मान्तरों के अप्रकट संस्कार हैं जो भीतर पड़े हैं। जरा सी हलचल से यहाँ उथल-पुथल मच सकती है, तरंगें उठ सकती हैं या तरंग उठने की सम्भावना है। माना कि अब कोई तूफान नहीं आयेगा फिर भी तरंगे तो उठती रहेंगी और यदि साक्षी भाव से देखना चाहेंगे तो अपने ही भीतर उठती उन तरंगों को देख भी पायेंगे। असंप्रज्ञात समाधि की अवस्था है मगर अप्रकट संस्कारों के बीज विद्यमान हैं। उन्हें हमने अभी तक धारण कर रखा है। अभी वे मिटे नहीं हैं। ऐसी स्थिति अभी आयी नहीं है। एक समय वह परिपक्वता भी आयेगी जब सभी बीज तिरोहित हो जायेंगे, खो जायेंगे। परन्तु अभी वे सब न केवल विद्‍यमान हैं वरन् स्वयं को साक्षी भाव से देखने पर दिखाई भी दे रहे हैं।

भवप्रत्ययो विदेहप्रकृतिलयानाम्। ॥ 19 ॥

विदेह और प्रकृतिलय योगियों को असम्प्रज्ञात समाधि उपलब्ध होती है, यह योग भवप्रत्यय कहलाता है।

जिन योगियों ने अपनी देहों के साथ तादात्म्य बनाना समाप्त कर दिया है उनकी स्थिति विदेही की है। मगर फिर भी ये विदेही जन्म-मरण के बन्धन से मुक्त नहीं होते क्योंकि अपनी इच्छा के अनुरूप समय-समय पर जन्म लेते रहते हैं। संसार में लोग शरीर के तल पर जीते हैं। फिर कभी उन्हें चेतना का आभास हो सकता है। उन्हें यह पता चल सकता है कि वे शरीर **नहीं हैं**। वे देह में हैं मगर वे देह नहीं हैं वे विदेह हैं यानी देह के बिना **भी वे तो** हैं। योगियो को ध्यान-साधना के दौरान यह अनुभूति भी हो सकती है कि वे प्रकृति का हिस्सा नहीं हैं। मगर जन्म-जन्मान्तरों में हमने

कई वादे लोगों से कर रखे हैं ये वादे यद्यपि तब के हैं जब हमें हमारे वास्तविक स्वरूप का पता नहीं था मगर फिर भी यदि हम करुणावश संसार में आना चाहें तो अस्तित्व हमें कम से कम एक जीवन और उपहार में प्रदान करेगा। यद्यपि देहों से सम्बन्ध बनाना ऐसे योगी ने बन्द कर दिया है फिर भी करुणावश अस्तित्व ने सर्वोत्कृष्ट जीवन का उपहार उन्हें बख्शा है क्योंकि किसी न किसी इच्छा के बीज अभी भी उनके भीतर विद्यमान हैं। योगी के होने का, उसकी करुणा का भी अपना एक विशेष महत्त्व है इस सृष्टि में। इस दुनिया में अरबों लोग हैं मगर आप ही क्यों अभी इस पुस्तक का अध्ययन कर रहे हैं? यह भी हमारे शुभ कर्मों का फल है।

श्रद्धावीर्यस्मृतिसमाधिप्रज्ञापूर्वक इतरेषाम् ॥ 20 ॥

अन्य साधकों की श्रद्धा, वीर्य, स्मृति, समाधि और प्रज्ञा के सहारे असंप्रज्ञात समाधि होती है।

जो पूर्व जन्म में असंप्रज्ञात समाधि को उपलब्ध हो चुके हैं वे इस जन्म में परिपक्व योगी की भांति जीवन व्यतीत करते हैं। अंततः सभी योगियों को श्रद्धा, वीर्य, स्मृति, समाधि और प्रज्ञा के क्रम में चलकर असंप्रज्ञात समाधि घटित होती है।

श्रद्धा–'श्रत्' का शाब्दिक अर्थ सत्य है, 'धा' का शाब्दिक अर्थ धारण करने योग्य है। सत्य को धारण करने वाला श्रद्धावान है। श्रद्धा से पहले महत्त्वपूर्ण है सच्चा ज्ञान ताकि हम मिथ्या ज्ञान या झूठे ज्ञान का साथ छोड़ सत्य की शरण में आ सकें। जो हमें आत्मा से ठीक लगे उसके प्रति समर्पित होना ही सच्ची श्रद्धा है। आस्था का आधार सम्प्रदाय विशेष के प्रति हमारा विश्वास है जबकि सत्य की शरण में जाना श्रद्धा का प्रतीक है। श्रद्धा में सत्य का फूल विकसित होता है, खिलता है, पल्लवित होता है।

वीर्य - वीर्य का अर्थ है समग्र प्रयत्न। वीर, आत्मबल, सामर्थ्य, ऊर्जा, साहस, क्षमता एवम् दृढ़ता सभी वीर्य के प्रतीक हैं। कान्ति, गौरव, आभा, शक्ति-क्षमता भी इसके मायने हैं। योगी को योग-साधना के लिये शरीर, इन्द्रियों एवम् मन का सहयोग चाहिये होता है ताकि योगी की समस्त ऊर्जा एक ही दिशा में प्रवाहित हो सके। योगी आत्मबल का धनी, श्रेष्ठ विचारों का जन्मदाता, विवेक एवम् साक्षी भाव में रमा ऐसा साहसी व्यक्ति होता है

जो अपने दुर्गुणों एवम् स्वभावगत दोषों को सहजता से त्याग कर सतत अभ्यास करते हुए एवम् वैराग्य भाव रखते हुए दिव्य गुणों को अपने भीतर आत्मसात् करता चलता है।

स्मृति - आत्मस्मरण ही स्मृति है। योगी को अपनी स्मरण शक्ति का सदुपयोग करते हुए अपने दुर्गुणों की पुनरावृत्ति के क्रम को बेध देना चाहिये ताकि योगी का जीवन कल्याणकारी बन सके। अपने गलत संस्कारों का साक्षी भाव से परित्याग करते रहना चाहिये। अनावश्यक विचारों का त्याग, विचार के स्तर पर स्वयं का शुद्धिकरण हो, ताकि हमारी विचार क्षमता शुद्ध, निर्मल हो सके। योगी अभ्यास एवम् वैराग्य भावों का सदुपयोग करते-करते अपने जीवन में सुखद कल्याणकारी भावों को धारण करते चलता है। ये कल्याणकारी विचार ही उसकी ऊर्जा को रूपान्तरित करते रहते हैं।

समाधि - समाधि परम् के अस्तित्व का प्रसाद है जो कि स्वतः ही घटित होती है। योगी अपने जीवन में मौन के उस अन्तराल को पा लेता है जहाँ उसे अनेक प्रकार की समाधि की झलकें प्रारम्भिक अवस्था में मिलती हैं। धीरे-धीरे वह उसी परम् अवस्था में रम जाता है।

प्रज्ञा - प्रज्ञा बुद्धत्व का ही रूप है। योगी को प्रज्ञा द्वारा आठों प्रहर अपने बुद्धत्व की सुरक्षा करनी चाहिये। श्रद्धा के माध्यम से हमारी सत्य की प्यास बढ़ती है और हम सत्य को धारण करते चलते हैं। वीर्य के माध्यम से हम अपनी ऊर्जा को एक योगी के समान सही दिशा में प्रवाहित करने का प्रयास करते हैं। स्मृति का उपयोग कर हम अपने जीवन में गलतियों की पुनरावृत्ति नहीं करते। इस प्रकार अनेक सांसारिक बन्धनों से मुक्त हो जाते हैं। समाधि हमारी सब प्रकार की समस्याओं का निराकरण है। मन के सब प्रकार के छलावे को हम अपनी प्रज्ञा की अग्नि में तिरोहित करने की क्षमता हासिल कर लेते हैं। जब योगी अन्तरमन की प्रज्ञा से प्रकाशित होता है तो भीतर का सब प्रकार का अंधियारा स्वतः ही छंट जाता है। प्रकाश के आगमन पर अंधकार स्वतः ही दूर हो जाता है। योगी स्वयं के प्रकाश से प्रकाशित होने की एवम् मानवता को भी सत्य की झलक दिखलाने की क्षमता प्राप्त कर लेता है।

तीव्रसंवेगानामासन्नः ॥ 21 ॥

सिद्धि उनके निकट होती है जिनके प्रयास सघन और सच्चे होते हैं।

आध्यात्मिक मार्ग में योगी को अपने दुर्गुणों से आहूत होना पड़ता है। इस दृष्टिकोण से इस मार्ग पर वे ही सफल हो पाते हैं जो स्वयं का निरीक्षण पैनी दृष्टि से कर पाने में सक्षम हों। इस संसार में बहुत छलावे हैं, छलावों के निहोरे हैं, आमंत्रण हैं। यह संसार आशाओं, इच्छाओं, एषणाओं का संसार है। यहाँ सिर्फ कौतुहल से काम नहीं चलता वरन् स्वयं को तपाना पड़ता है। जैसे तप कर सोना कुंदन हो जाता है ऐसे ही योगी तपस्या द्वारा स्वयं को निखारने का प्रयास करता है। फिर भी सभी को इस मार्ग में सफलता नहीं मिलती। जिनके प्रयास अधूरे हैं जो कौतुहल या जिज्ञासावश यहाँ आ गये हैं वे जल्दी ही अधीर भी हो जाते हैं। वे सफल नहीं हो पाते। महर्षि पतंजलि के अनुसार जिनके प्रयास सघन होते हैं। जो लोग बिना किसी रुकावट के बड़े ही उत्साह के साथ प्रतिदिन सतत अपनी साधना में एकरूपता बनाये रखते हैं एवम् निरन्तरता व उत्साह में कोई कमी नहीं आने देते, कभी अधीर नहीं होते एवम् जो अपने प्रति ईमानदार होते हैं, अपनी साधना निरन्तर ईमानदारी से करते चलते हैं वे अपने मनोरथ को हासिल कर लेते हैं।

मृदुमध्याधिमात्रत्वात्ततोऽपि विशेषः ॥ 22 ॥

प्रसाद की मात्रा के अनुरूप ही तीव्र संवेग के योगियों में भी मृदु, मध्य और अधिमात्रा होने से लक्ष्य की सम्भावना भिन्न होती है।

यह प्रकृति अपने भीतर अनेक विपरीत आयाम संजोये है। यहाँ प्रत्येक व्यक्ति दूसरे से भिन्न है। प्रत्येक की कार्य पद्धति भी अलग-अलग है। स्वभाव, प्रारब्ध, संस्कार, कर्म सब भिन्न-भिन्न हैं। सभी के तल आयाम भी भिन्न हैं। ये विपरीत आयाम, ये भिन्नताएँ, स्वतन्त्रता, सृष्टि का सौन्दर्य भी है। यहाँ सबके प्रयास भला एक से कैसे हो सकते हैं? सभी के प्रयास भी मृदु, मध्यम एवम् तीव्र अपनी-अपनी तासीर के अनुरूप हैं। ठीक उसी प्रकार उनके फल जो उनके प्रयासों पर निर्भर करते हैं वे भी भिन्न-भिन्न ही होते हैं। कृष्ण जैसा व्यक्ति जहाँ युद्ध के मैदान में भी उपलब्धता का

प्रतीक हो सकता है। वहीं बुद्ध वाणी के बोल सुन सम्बुद्ध हो सकते हैं। महावीर मौन रहकर भी वीतरागी हो सकते हैं। मीरा का समर्पण भक्ति की पराकाष्ठा में पूर्णता पा लेता है। रामकृष्ण अभिव्यक्ति की क्षमता विवेकानन्द को बाँटकर जहाँ परमहंस हो सकते हैं वहीं विवेकानन्द सम्पूर्ण विश्व में ज्ञान का परचम लहरा सकते हैं। जे.जे. कृष्णामूर्ति के विशिष्ट तर्क उन्हें तार्किक शक्ति के पार ले जाने में सक्षम हैं। ओशो विवादास्पद वक्तव्यों में बखूबी सत्य को अवतरित करने की क्षमता से ओत-प्रोत हैं। रविशंकर की आध्यात्मिक कार्यशैली नैतिक मूल्य जागरण में अपना विशेष महत्त्व रखती है। अपनी उपलब्धता में खिलना योगियों का, साधकों का, भक्तों का स्वभाव है। इन रंगों से भरी सृष्टि के अवतार, तीर्थंकर, योगी-मनीषी भी अपने स्वभाव एवम् तासीर के अनुरूप अपनी-अपनी रंग गुलाल पृथ्वी की फिजाओं में बिखेर रहे हैं।

ईश्वरप्रणिधानाद्वा ॥ 23 ॥

इसके सिवा ईश्वर के प्रति समर्पण से भी उपलब्ध हुआ जा सकता है।

महर्षि पतंजलि की सोच बड़ी ही दूरदर्शितापूर्ण एवम् सकारात्मक है। मानव परम् की आत्यन्तिक इकाई है। वह अपने परम् स्वरूप को लगभग भूल गया है। आत्मा और परमात्मा का मिलन ही योग है। जिसने अपने मन को साध लिया वह स्थितप्रज्ञ हो गया महर्षि पतंजलि हमें योग के माध्यम से फूल की तरह खिलना सिखाते हैं। खिलना आत्म सिद्धि है जिसे ध्यान के माध्यम से पाया जा सकता है। योग के द्वारा मनुष्य अपनी आन्तरिक सत्ता एवम् बाह्य प्रकृति पर शासन कर सकता है। निज शासन से बड़ा कोई अनुशासन नहीं है। योग के माध्यम से हम अपनी पाशविक वृत्तियों को पावन एवम् पुनीत कर दिव्य स्वभाव में रूपान्तरित कर सकते हैं। योग के माध्यम से स्वस्थ व्यक्ति अपने आभामण्डल को निखार सकता है, आत्मशुद्धि कर अपना आध्यात्मिक मार्ग प्रशस्त कर सकता है। योग मानव उत्थान का समग्र विज्ञान है जो हमारी देह व मन को शुद्ध करता है। मानसिक शक्तियों को विकसित करता है, मेधा को प्रखर करता है। मानव को स्वास्थ्य लाभ दे उसकी आयु को दीर्घ करता है। एक आम मनुष्य जहाँ सांसारिक पीड़ाओं एवम् दुखों से त्रस्त रहता है वहीं योगी योग के माध्यम से समस्त पीड़ाओं से मुक्त होकर समाधि तक की विलक्षण यात्रा करता है। नियमित योग

साधना का अभ्यास करने वाले योगियों के हृदय में सरस्वती का वास होता है। सरस्वती का वाहन हंस योगियों का भी वाहन है इसलिए योगी को परम्हंस की संज्ञा दी जाती रही है।

ऐसे परम्हंसों को बनाने वाले महर्षि पतंजलि हैं - ईश्वरप्रणीधानाद्वा - इस सूत्र में वे करुणा के सागर परम् कल्याण की बात मानव जाति को बतलाते हैं। कहते हैं आपने खूब समय तक सतत प्रयास करके देख लिया फिर भी हो सकता है हमारे प्रयासों में कोई कमी रह गई हो। हम अपने सभी प्रारब्धों एवम् संस्कारों को काट पाने में असमर्थ रहे हों। हमारी कुछ आदतें आज भी हमें पीड़ा पहुँचाती हों। न चाहते हुए भी कुछ अच्छे बुरे कर्मों की पुनरावृत्ति चलती रहती हो। बुद्धि के तल पर समझ समझ कर भी हम स्वयं को एवम् सृष्टि को कितना जान लेंगे। बहुत कुछ है जो हमारी समझ से परे है। सतत अभ्यास के उपरान्त भी हो सकता है हमारा ही अहंकार हमारे मार्ग में बाधा उत्पन्न कर रहा हो। महर्षि पतंजलि कहते हैं तुम ईश्वर के सम्मुख समर्पण कर दो। हो सकता है जो बात अब तक नहीं बनी वह समर्पण से बन जाये। अब तक जो भक्ति-प्रेम करुणा का सागर न दिखाई दिया वह समर्पण से दिखाई देने लगे। यह भी हो सकता है कि हमारा द्वार भक्ति का ही हो। महर्षि पतंजलि से भला क्या छुपा है! वे तो सभी द्वारों से भली-भांति परिचित हैं। यह भी हो सकता है कि हममें तीर्थंकर होने की क्षमता ही न हो। मगर जो तीर्थंकर हुए हैं, अवतार हुए हैं, जिनके प्रति हमारा विश्वास है, जिनके प्रति हमारी श्रद्धा-आस्था है हम उनके सम्मुख नतमस्तक तो हो सकते हैं। यह उनके प्रति किया गया समर्पण जिन्हें हम ईश्वर मानते हैं हमारे आन्तरिक जगत् का द्वार खोल सकता है।

समर्पण से भी घटना घट सकती है ऐसा भी महर्षि पतंजलि का सुन्दर सोच इस सूत्र में प्रकट होता है। ईश्वर भक्ति भी हमें निर्बीज समाधि तक पहुँचा सकती है। अगले श्लोक में महर्षि पतंजलि ईश्वर की परिकल्पना अपने ढंग से करते हैं।

क्लेशकर्मविपाकाशयैरपरामृष्टः पुरुषविशेष ईश्वरः ॥ 24 ॥

ईश्वर सर्वोत्कृष्ट है। जो क्लेश, कर्म, विपाक और आशय के परिणामों से अछूता है वह दिव्य चेतना की आत्यन्तिक इकाई है।

प्रत्येक मानव ईश्वर की आत्यन्तिक इकाई है। यहाँ मानव की मूलभूत कमियों में अविद्या, अस्मिता, राग, द्वेष और अभिनिवेश मानी जाती हैं। इसी प्रकार पाप, पुण्य, पाप मिश्रित पुण्य, पाप से रहित पुण्यों को हम कर्मों की संज्ञा देते हैं। कर्म के फल को विपाक कहा जाता है। मानव के भीतर कर्म संस्कारों के जो बीज हैं मानव का आशय उसके व्यवहार में उनसे प्रकट होता है। ईश्वर इन सबसे अपरामृष्ट है। वह सदैव अछूता, बेदाग, निर्दोष है।

परम् की आत्यन्तिक इकाई मानव भी क्लेश, कर्म, विपाक और आशय से सर्वथा रहित हो सकता है। महर्षि पतंजलि की नजरों में ऐसा अभ्यास एवम् वैराग्य से सम्भव है। जब कोई पुरुष अपरामृष्ट होता है तो वह भी उस परम् सत्ता का ही रूप हो जाता है। महर्षि पतंजलि उसे पुरुषों में विशेष मानते हैं और उस पुरुष विशेष को ईश्वर की संज्ञा देते हैं। जब कभी भी किसी इन्सान में समर्पण घटित होता है वह क्षण बड़ा कीमती हो जाता है क्योंकि तत्क्षण उस इन्सान का अहंकार तिरोहित हो जाता है। महर्षि पतंजलि एक तरफ जहाँ व्यक्ति के सतत अभ्यास एवम् वैराग्य की बात करते हैं वहीं दूसरी तरफ वे समर्पण की भी बात करते हैं ताकि एक तरफ हमारा अहंकार तिरोहित हो एवम् दूसरी तरफ हमारे भीतर भक्ति, करुणा, प्रेम, सेवा, दया के भाव भी पनप सकें ताकि मानव रूपी यह इकाई अपने उच्चतम रूप को पा सके।

तत्र निरतिशयं सर्वज्ञबीजम् ॥ 25 ॥

ईश्वर में बीज अपने उच्चतम विस्तार में विकसित होता है।

निरतिशय का अर्थ है सर्वोत्कृष्ट, सर्वज्ञ बीजम् से तात्पर्य है वह जो सब जानता है। इन्सान एक बीज है, परमात्मा उसकी परम् अभिव्यक्ति है। उस परम् के प्रति हमारा समर्पण हमारे भीतर के द्वार खोल देता है। समर्पण से हमारे भीतर आनन्द के अतिरेक का झरना बहने लगता है।

पूर्वेषामपि गुरुः कालेनानवच्छेदात् ॥ 26 ॥

वह समय की सीमाओं के बाहर होने के कारण सबके गुरुओं का भी गुरु है।

इस ब्रह्माण्ड में एक ही सर्वज्ञ सर्वव्यापक परमगुरु है, उसे हम जीवन्त ऊर्जा, प्राण सत्ता, सर्वशक्तिमान कुछ भी कह सकते हैं। वह ईश्वर सदा से

है और सदैव रहेगा। वह अनादि-अनन्त है। हम तो अनादि से अनन्त की यात्रा के सहभागी हैं। हमारे पूर्वज, गुरु सभी इस यात्रा के सहभागी हैं इसलिये वह सबका गुरु है। महर्षि पतंजलि ने इस सूत्र के माध्यम से अव्यक्त को व्यक्त करने की कृपा की है। जिसे अनुभूत किया जा सकता है। उसे महर्षि पतंजलि अभिव्यक्ति के तल पर ले आये हैं। वह जो ईश्वर है वह समय की सीमाओं के बाहर भी है कालचक्र भी उसे बेध नहीं सकता क्योंकि वह उसकी सीमा में समाता ही नहीं।

महर्षि पतंजलि ईश्वर का खुलासा करते हुए उसकी शरणागति में किस प्रकार जाया जा सकता है अगले सूत्र में यह भी बतलाते हैं।

तस्य वाचकः प्रणवः ॥ 27 ॥

उसे ओम् के रूप में जाना जाता है।

ओम् नाद है; ध्वनि है; शब्द है; यह सर्वव्यापक है। यह हिन्दू, जैन संस्कृति का बीज मन्त्र है। यह बुद्ध परमपरा का महामन्त्र है। ओम् मणि पद्यमने हुम्। यह सिक्ख परमपरा में ओंकार के नाम से जाना जाता है। दुनिया की सारी परमपराओं ने ओम् के आसपास ही इसे खोजा है। यह लगभग सारी मानव जाति की श्रद्धा एवम् आस्था का प्रतीक है। महर्षि पतंजलि कहते हैं ईश्वर को ओम् के रूप में जाना जा सकता है। यदि गुरुओं के गुरु से मिलना है तो ओम् से जान पहचान करनी होगी।

वेद भी इस बात की पुष्टि करते हैं कि ईश्वर का प्रथम नाम ओम् है। वह शाश्वत परम् सत्ता है जिसका कोई आदि अन्त नहीं। वह स्वतः समुज्ज्वल है तथा स्वतः देदीप्यमान भी है, जो विश्व के सभी प्राणियों में व्याप्त है। वह ऐसा ज्योतिर्मय प्रकाश है जो ब्रह्माण्ड के समस्त कणों में, समस्त तत्त्वों में और समस्त प्राणियों में विद्यमान है। उसकी दीप्तिमान द्युति प्रकृति को भी निष्प्रभ कर देती है।

कठोपनिषद् में भी यम नचिकेता से कहते हैं कि चारों वेदों के स्थायी महत्त्व का मुख्य विषय ओम् है। वैदिक दर्शन पावन, परम् उच्च पद ओम् की धुरी पर परिक्रमण करता है। तपोभूमि आर्यावर्त के समस्त सत्यान्वेषी ओम् की सिद्धि के लिये ही इसका विभिन्न तकनीकों से सदुपयोग करते हैं।

तज्जपस्तदर्थभावनम् ॥ 28 ॥

ओम् को दोहराओ और उस पर ध्यान करो।

यह सूत्र अनमोल है। यहाँ महर्षि पतंजलि हमें ओम् ध्यान की विधि बतला रहे हैं। कहते हैं ओम् का जप करो, उसे दोहराओ। स्नान ध्यान से निवृत्त होकर इस प्रयोग के लिये किसी शान्त जगह पर किसी सरोवर, झील, नदी के किनारे या किसी एकान्त स्थल पर, किसी पूजा स्थल या ध्यान कक्ष में विश्रान्ति के साथ सुखासन में बैठ जाना चाहिये। मौन, शान्त, अकम्प पलकों को ढलका कर फिर ओम् का निरन्तर गुंजार करते चलें। लगभग 15 मिनट तक ओम्.....ओम्..... ओम्..... गुंजार ही गुंजार। यह प्रथम चरण शरीर की शुद्धि के लिये है। दूसरे चरण में भी गुंजार करते चलना है, ओम् का निरन्तर मानसिक जप करते चलना है, अब आवाज नहीं करनी पर मन ही मन ओम् को दोहराते चलना है। यह ओम् का मानसिक दोहराव हमारे मन की स्थितप्रज्ञता एवम् विचारों के शुद्धिकरण के लिये आवश्यक है। यह चरण भी 15 मिनट का है। तीसरे चरण में ओम् का शाब्दिक, मानसिक उच्चारण, सब अपनी तरफ से किये जाने वाले प्रयास बन्द कर दें और सिर्फ उस परम् के नाम को, उस अनहद नाद को भीतर ही भीतर सुनने का प्रयास करें। आप न केवल ओम् के नाद का श्रवण कर पायेंगे वरन् उसकी भीनी-भीनी वर्षा को भी स्वयं पर होते अनुभूत कर पायेंगे। यह वह समय है जब परम् नाम पुनः आप तक नाद के रूप में लौट कर आयेगा, गुलाब की पंखुड़ियों के रूप में आप पर बरसेगा और आप धन्य धन्य हो जायेंगे। स्वयं को परम् से ओतप्रोत कृतार्थ अनुभूत करेंगे। चौथे चरण में शवासन में लेट जायें, समग्र विश्रान्ति को, परम् शान्ति को अनुभूत करें।

महर्षि पतंजलि कहते हैं पहले ओम् को दोहराओ और फिर उस पर ध्यान करो।

ओम् पर ध्यान करने से हमारी सारी बाधाएँ विलीन हो सकती हैं और हमारे भीतर एक नयी चेतना जागृत हो सकती है।

ततः प्रत्यक्चेतनाधिगमोऽप्यन्तरायाभावश्च ॥ 29 ॥

ओम् का ध्यान करने से हमें अपने आन्तरिक चेतन स्वरूप का ज्ञान होता है और विघ्नों का निवारण भी होता है।

महामहिम पंडित राधाकृष्णन् अपनी पुस्तक भारतीय दर्शन में लिखते हैं, "पतंजलि ने ईश्वरभक्ति को योग के सहायकों में अनन्यतम माना है। ईश्वर केवल ध्यान का विषय नहीं है, बल्कि बाधाओं को दूर करके लक्ष्यप्राप्ति में सहायता करने वाला भी माना गया है।"

व्याधिस्त्यानसंशयप्रमादालस्याविरतिभ्रांतिदर्शना-
लब्धभूमिकत्वानवस्थितत्वानि चित्तविक्षेपास्तेऽन्तरायाः ॥ 30 ॥

रोग, निर्जीवता, संशय (संदेह), प्रमाद, आलस्य, विषयासक्ति, भ्रांति, दुर्बलता और अस्थिरता वे बाधाएँ हैं जो मन में विक्षेप लाती हैं।

ध्वनि और ऊर्जा एक ही घटना के दो रूप हैं। ओम् की ध्वनि द्वारा हम अपनी गैरलयात्मक ऊर्जा को लयात्मक कर सकते हैं। इस प्रकार ओम् के ध्यान द्वारा हम अनेक प्रकार की व्याधियों का निराकरण कर सकते हैं।

1. **व्याधि** - शरीर, इंद्रियों एवम् मन में विकार बढ़ जाना रोग है।

2. **स्त्यान** - साधनाओं में प्रवृत्ति न होना, अकर्मण्यता है।

3. **संशय** - विचारों का स्पष्ट न होना एवम् मन में ज्ञान के प्रति सदैव द्वंद्ध बना रहना संशय है। ऐसा व्यक्ति सदैव दुविधाओं में जीता है।

4. **प्रमाद** - अनुशासन की अनुपालना न करना, सतत अभ्यास में रुचि न लेना, गुरु वचनों एवम् साधना विधियों का अनादर करना- जैसे प्रतिदिन ओम् को दोहराना एवम् उस पर ध्यान करना साधना है लेकिन योग साधना विधि की अनुपालना नियमित रूप से न करना प्रमाद की अवस्था है।

5. **आलस्य** - असंयमित खान-पान तथा कफ आदि की वृद्धि से या तमोगुण की अधिकता से चित्त और शरीर में भारीपन आ जाना और उसके कारण साधन में प्रवृत्ति का न होना, किसी काम में मन न लगना 'आलस्य' है।

6. **अविरति** - विषयों के साथ सदैव इन्द्रियों का संयोग होना और चित्त का सदैव उनमें आसक्त रहना ही वैराग्य का अभाव है। अपनी इस स्थिति को न समझ पाना अविरति है। अविरति में व्यक्ति को वैराग्य की बात बिल्कुल समझ में नहीं आती। कभी-कभी यह वैराग्यहीनता साधना के मार्ग में महाबाधा बन जाती है क्योंकि साधक वैराग्यहीनता के कारण वैराग्य की परमस्थिति को समझने में असमर्थ होता है। कभी-कभी जन्म-जन्मान्तर के हमारे अनेक संस्कार अविरति के रूप में उत्पन्न होकर साधना के मार्ग

में बाधा उत्पन्न करते हैं। अविरति साधना के मार्ग में महाबाधा है।

7. भ्रांति दर्शन - योग साधना को अपने स्वार्थों के वशीभूत होकर गलत समझना भ्रान्ति दर्शन है। ऐसी भ्रान्ति के चलते कभी-कभी साधक हितकारी को अहितकारी एवम् अहितकारी को हितकारी मान बैठता है। योग साधना में सहयोग करने वाले सहयोगियों को असहयोगी मानना एवम् ऐसे सांसारिकों को, जो योग साधना के मार्ग में बाधा उत्पन्न करें उन्हें सही मान लेना भ्रान्ति दर्शन है।

8. आलब्धभूमिकत्व - योग साधना को फल या सिद्धि की प्राप्ति से जोड़ देना, परिणाम के प्रति अधीर हो जाना, अधीरता के कारण स्थितप्रज्ञ न हो पाना, चित्त का अनासक्त न हो पाना, ऐसी बाधा है जो साधक का उत्साह योग साधना के प्रति कम कर सकती है।

9. अनवस्थित - मन का थोड़े समय के लिये शान्त हो जाना मगर बार-बार अशान्त होना, बेचैन होना दैनन्दिन जीवन से बहुत प्रभावित होना, सुख-दुख की स्थिति से बाहर न आ पाना, संघर्ष की स्थितियों में समता खो देना, बात-बात पर गुस्सा आ जाना, गुस्से में अनाप-शनाप वक्तव्य दे देना, बात-बात पर दूसरे को गलत साबित करना, स्वयं को सदैव ठीक साबित करने के प्रयासों में लगे रहना आदि ऐसी अनेक बाधाएँ हैं जो योगी की स्थितप्रज्ञ अवस्था में बाधा उत्पन्न करने वाली अनवस्थित चित्त की दशाएँ हैं। योग साधना के मार्ग में ये अवस्थाएँ बाधक हैं। इन सभी चित्त के विक्षेपों अन्तराओं को योगी अपने साक्षी भाव से दूर कर सकता है। बाधा तब तक ही बाधा है जब तक हम इन बाधाओं को ठीक रूप से देख पाने में असमर्थ रहते हैं।

दुःखदौर्मनस्याङ्गमेजयत्व श्वासप्र श्वासाविक्षेपसहभुवः ॥ 31 ॥

दुख, निराशा, कंपकपी और अनियमित श्वसन विक्षेपयुक्त मन के लक्षण हैं।

1. दुख

दुख तीन प्रकार के होते हैं: आध्यात्मिक, आधिभौतिक और आधिदैविक।

आध्यात्मिक दुख- आत्मा शरीर को धारण कर अवतरित होती है। बिना आत्मा के शरीर निर्जीव है। उसका अपना कोई अस्तित्व नहीं। संसार

के सभी प्राणी कभी न कभी शरीर एवम् मन की व्याधियों से पीड़ित रहते हैं। विषय वासनाएँ समय असमय प्रत्येक व्यक्ति को प्रभावित करती हैं। शरीर एवम् मन के तल पर उत्पन्न होने वाले विक्षेपों के कारण ही आध्यात्मिक दुख पनपते हैं।

आधिभौतिक दुख - इस संसार में जितने भी देहधारी प्राणी हैं वे आधिभौतिक दुखों से पीड़ित हैं। जिनमे मानव, पशु, पक्षी, सांप, बिच्छु आदि आते हैं। मानव एक सामाजिक प्राणी है। इस संसार में विचरण करते समय उसे अपने समान ही देहधारी व्यक्तियों से सामाजिक रिश्ते निभाने होते हैं। जीवन इन रिश्तों की खट्टी-मीठी यादों की सुवास है। इन देहधारी प्राणियों के साथ हमारे सुख दुख जुड़े होते हैं। इनसे मिलने वाले कष्टों को आधिभौतिक दुखों की संज्ञा दी गई है।

आधिदैविक दुख - आधिदैविक दुखों में वे दुख हैं जो पृथ्वी, जल, अग्नि, वायु, ग्रह, नक्षत्रों से मिलने वाले होते हैं जैसे भूकम्प का आना, समुद्र में कोई सुनामी का प्रभाव, धरती पर बाढ़ आ जाना, बादल का फटना, बिजली का गिरना, किसी आकाशीय पिण्ड का पृथ्वी से टकरा जाना, आँधी, तूफान, अग्निदाह जैसे प्रकोप की पीड़ाएँ आदि।

2. दौर्मनस्य - मन स्वाभाविक रूप से चंचल है यह सदैव वासनाओं के पीछे बे-लगाम घोड़े के समान भागता रहता है। मन की सारी इच्छाएँ कभी पूरी नहीं होती, मन की अतृप्त इच्छाएँ ही व्यक्ति के दोर्मनस्य का कारण बनती हैं जो कि मन की बुरी अवस्था है। ऐसा व्यक्ति अपनी इच्छाओं के वशीभूत होकर दूसरे के मान-सम्मान में बाधा उत्पन्न कर सकता है। मन की इच्छाओं की पूर्ति न होने की स्थिति में बेचैनी, गुस्सा, तनाव, दुख को अनुभूत करता रहता है।

3. अङ्गमेजयत्व - दौर्मनस्य स्थिति जब बहुत विकट हो जाती है तब ऐसे मन से पीड़ित रोगी के अंगों में कम्पन होना प्रारम्भ हो जाता है। ऐसा व्यक्ति अधिक समय तक शवासन में लेट भी नहीं पाता। दु:ख के कारण उसका शरीर कांपता रहता है।

4. श्वास - जब व्यक्ति को वासना पकड़ती है तो स्वत: ही उसकी श्वासें असहज हो जाती हैं। ऐसी स्थिति में श्वास की गति सहज नहीं रह पाती। इस प्रकार की अवस्था को श्वास का विक्षेप कहते है।

5. प्रश्वास - प्रश्वास जनित विक्षेप डर, आतंक, दुर्घटना, भूकम्प

आदि की स्थिति में पैदा होता है। जहाँ श्वास विक्षेप में न चाहते हुए भी वायु की गति तेज हो जाती है। वहीं प्रश्वास जनित विक्षेप में न चाहते हुए भी वायु की गति रुक-सी जाती है उसमें व्यवधान पैदा हो जाता है। महर्षि पतंजलि यहाँ साधना के मार्ग में आने वाली बाधाओं को बतला रहे हैं।

यह पांच प्रकार की बाधाएँ विक्षिप्त चित्त द्वारा प्रकट होती हैं। मगर दिक्कत यह है कि कोई स्वयं को विक्षिप्त चित्त वाला मानने को तैयार नहीं है। योगी समाहित चित्त वाला होता है वह ध्यान साधना के सतत् अभ्यास एवम् होश पूर्ण जीने की कला के माध्यम से स्वयं का आत्मनिरीक्षण कर चित्त के विक्षेपों को दूर कर लेता है। महर्षि पतंजलि इन विघ्नों को दूर करने का उपाय बतलाते हुए कहते है :-

तत्प्रतिषेधार्थमेकतत्त्वाभ्यासः ॥ 32 ॥

इन बाधाओं को दूर करने के लिये एक तत्व का ध्यान करना चाहिये।

उपर्युक्त सभी प्रकार के विघ्नों का नाश ईश्वर-प्राणिधान से सम्भव है और महर्षि पतंजलि की दृष्टि में ओम् उस परम् का प्रथम नाम है ऐसी स्थिति में इसी एक तत्व पर ध्यान केन्द्रित करना उपयुक्त है। एक चित्त पर ध्यान करने से मन एवम् विचारों का शुद्धिकरण होता है। हमें सुकून एवम् विश्रान्ति मिलती है। धीरे-धीरे हमारी एकाग्रता सधती है जिससे हमारा आध्यात्मिक मार्ग प्रशस्त होता है हम सत्य के नजदीक आते चलते है।

जब तक हमारे चित्त में राग, द्वेष आदि के भाव रहते है तब तक चित्त स्थिर नहीं हो पाता। हम नकारात्मक भावों से डर जाते हैं और हमें पता भी नहीं चलता कि हमारे साथ ऐसा क्यों होता है? किसी को ज्यादा खुश देख लें तो उसकी खुशी के सहभागी होने की बजाए एक नैराश्य भाव पकड़ता है कि यह इतना खुश है मेरी स्थिति तो ऐसी नहीं है और उस समय भी नैराश्य भाव के कारण हम स्वयं को नहीं देखते वरन् दूसरे की आलोचना में लग कर पूर्णतया बेहोशी में चले जाते हैं। इसी प्रकार कई बार किसी व्यक्ति के दुःख में शरीक होने जाते हैं। दुःख प्रकट भी करते हैं लेकिन जब अपने भीतर झाँक कर देखते हैं तो वहाँ कोई दुःख का भाव नहीं होता वरन् उसके विपरीत की कोई स्थिति होती है। मन कहता है जो हुआ, ठीक हुआ। यह व्यक्ति इसी मांजणे का था। इसके साथ ऐसा ही होना चाहिये था। इस प्रकार जीवन पर्यन्त एक दोहराव की जिंदगी जीते चले जाते

हैं। महर्षि पतंजलि चाहते हैं कि हम ऐसी विकट स्थितियों को समझें, देखें और इनसे बाहर आएं। सत्य का साथ करें ताकि हमारे झूठे चेहरे गिरें। दुखी हो तो दुख प्रकट करें, सुखी हों तो सुख प्रकट करें, हमारा अपने सगे-सम्बन्धी मित्रों के प्रति व्यवहार वैसा ही हो जैसा हम उन्हें समझते हैं उससे हमारे जीवन की सच्चाई प्रकट हो पायेगी। जब भी कभी किसी के माध्यम से सच्चाई प्रकट होती है तो चित्त निर्मल हो जाता है अतः महर्षि पतंजलि हमें यह सीख देते हैं।

मैत्रीकरुणामुदितोपेक्षाणां सुखदुःखपुण्यापुण्यविषयाणां भावनातश्चित्तप्रसादनम् ॥ 33 ॥

आनंदित व्यक्ति के प्रति मैत्री, दुखी व्यक्ति के प्रति करूणा, पुण्यवान के प्रति मुदिता तथा पापी के प्रति उपेक्षा – इन भावनाओं का संवर्धन करने से चित्त निर्मल होता है।

महर्षि पतंजलि पूर्व के मनस्विदों की श्रृंखला के प्रसिद्ध मनस्विद हैं जो कि कपिल मुनि एवम् हिरण्यगर्भ जैसे मनीषियों का इस योग सूत्र ग्रन्थ से प्रतिनिधित्व कर रहे हैं। उनका सोच जितना गहरा है उतना ही चित्त को निर्मल करने में सहयोगी है। वे मानव मन की सभी प्रकार की स्थितियों को बहुत अच्छे ढंग से समझने एवम् उन स्थितियों के नकारात्मक भावों के दुष्परिणामों से मानवता को बचाने का प्रयास कर रहे हैं। उस दृष्टिकोण से उनका यह ग्रन्थ सम्पूर्ण मानव जाति को विनाश के कगार से मुक्ति दिलाने की क्षमता रखता है। इस ग्रन्थ के माध्यम से व्यक्ति अपनी सोच को शुद्ध कर परम् कल्याणकारी कार्यों की तरफ प्रेरित कर सकता है। यह महर्षि पतंजलि का विलक्षण सूत्र है।

मैत्री – महर्षि पतंजलि के अनुरूप आनन्दित व्यक्ति के प्रति मैत्री का भाव रखना चाहिये। यह जगत बड़ा जीवन्त है। यह भावनाओं और सम्प्रेषण का जगत है। यहाँ एक दूसरे के सकारात्मक एवम् नकारात्मक भावों से हम सम्प्रेषित होते रहते हैं। यदि आनन्दित व्यक्ति के प्रति हम सद्‌भावना रखें, उससे सूक्ष्म रूप से तादात्म्य स्थापित कर पायें तब हम अपने नकारात्मक भावों से स्वतः ही बाहर आ जायेंगे, और आनन्दित व्यक्ति का आनन्द हमारे जीवन को भी अल्हादित कर देगा। शब्दों के माध्यम से भीतर के जगत के

रूपान्तरण को प्रकट कर पाना यहाँ संभव नहीं है क्योंकि आनंद से भरे व्यक्ति के साथ पल भर गुजार लेने से भी कभी-कभी हमारे भीतर प्रेम पनप सकता है एवम् सत्य की प्यास जागृत हो सकती है। हमारा जीवन रूपान्तरित हो सकता है।

करुणा - महर्षि पतंजलि कहते हैं कि दुखी व्यक्ति के लिये हमारे दिल में करुणा का भाव होना चाहिये। दुखी व्यक्ति यद्यपि स्वयं के अज्ञान के कारण दुखी है फिर भी यदि हम ऐसे दुखी व्यक्ति के प्रति करुणा का भाव रखते हैं तो दुख के प्रति उसकी जो अज्ञानता है वह तिरोहित हो सकती है। होता यह है कि दुखी को देखकर हम उसके प्रति करूणा भाव नहीं रख पाते वरन् हम स्वयं को भी दुखी कर लेते हैं। इसी प्रकार दुखी व्यक्ति की नकारात्मकता से हम स्वयं को भी कभी-कभी नकारात्मक कर लेते हैं। ऐसी परिस्थिति का कोई लाभ दुखी व्यक्ति को या हमें स्वयं को नहीं होता। कुछ समय के लिये लगता तो है कि हम उसके मददगार साबित हुए हैं पर यह वास्तविकता नहीं होती। करुणा भाव में हमारी सजगता बनी रहती है। हम दूसरे के दुःख में शामिल भी हो सकते हैं। साथ ही दुःख की परिस्थितियों से उसे उभारने में सहायक भी हो सकते हैं। दुखी के प्रति करुणा रखने वाला उसे अज्ञानता से बाहर लाने की कोशिश करता है। करुणा के अनेक रूप हो सकते हैं। महर्षि पतंजलि की नजरों में होशवान व्यक्ति ही करुणा के उन सभी रूपों से परिचित होने की क्षमता रखते हैं।

मुदिता - पुण्यवान के प्रति मुदिता का भाव रखना चाहिये। मुदिता का अर्थ है प्रसन्नता। सद्गुरु, शिक्षक हमारे भीतर विवेक जगाने वाले होते हैं। हमारे माता-पिता तो हमें जन्म देने वाले होते हैं मगर गुरु के माध्यम से ही हमारा सत्य का मार्ग प्रशस्त होता है। गुरु गोविन्द दोनों खड़े काकै लागू पांव, बलिहारी गुरु आपणौ गोविन्द दियो बतलाय। कभी-कभी शिष्य की स्थिति बड़ी विकट होती है। उसे लगता है एक तो मेरा गुरु है जो सदैव सत्य के मार्ग में मेरे साथ खड़ा रहा, जिसने मुझे हाथ पकड़ कर चलना सिखलाया, अनेक बार जब मैं गिरने वाला था तब उसने मुझे सहारा दिया। अगर वह न होता तो मैं ईश्वर से कभी न मिल पाता। मेरा ईश्वर से कोई नाता ही न था। मेरी जन्म-जन्मान्तरों की बेडियों को तोड़ने वाला तो मेरा गुरु ही था। ईश्वर का परिचय देने वाला, उसकी गहरी प्यास मेरे हृदय में जागृत करने वाला, मुझे बार-बार ऊँचा उठाने वाला तो मेरा सद्गुरु ही था, जो हर पल मेरा सहारा बन मेरे आसपास खड़ा रहा, जो मेरी हर आवाज पर

दौड़ा चला आया, जिसने मेरे नैराश्य भावों को हर क्षण तोड़ने का प्रयास किया, मगर अब मुझे परमात्मा मिल गया और दोनों एक साथ खड़े हैं, तो भला मैं किसके पांव पहले स्पर्श करूं। कहते हैं परमात्मा अपने शिष्य की इस दुविधा को समझ गये। फिर धीरे से मुस्कुराते हुए उन्होंने अपने भक्त से पहले अपने गुरु के पाँव छूने को कहा क्योंकि गुरु के बिना भगवान का परिचय मिलना असम्भव था और उसके दर्शन तो दुर्लभ थे। आध्यात्मिक मार्ग के साधक ही भली-भांति अपने गुरु की महत्ता को समझ पाते हैं। यह विषय ज्यादा खोलने का नहीं वरन् अनुभूत करने का है। अपने गुरु के प्रति सदैव मुदिता का भाव रखना चाहिये। गुरु ही तो हमारे जन्म-जन्मान्तरों के नकारात्मक प्रारब्धों एवम् संस्कारों को काटने वाला है। हमारा सत्य का मार्ग प्रशस्त करने में सहयोगी है। हमारी अंतर्यात्रा का साथी है। ऐसे पुण्यवान गुरु के प्रति मुदिता का भाव रखना चाहिये क्योंकि परमात्मा भी मिलने पर गुरु के सम्मान की बात कहता है।

पापी के प्रति उपेक्षा का भाव रखना चाहिये। जीवन में संगत का बड़ा असर पड़ता है यदि हम पापियों के प्रति उपेक्षा का भाव नहीं रखते तो बहुत सम्भावना है कि उस कुसंगत का असर हम पर भी पड़े। इसीलिये निरन्तर जीवन में सत्संग की आवश्यकता होती है। स्वाभाविक है कि सत्य के संग साथ में हमें स्वयं के पाप भावों के प्रति भी सजग रहना पड़ेगा। तभी ऐसे भावों की उपेक्षा कर हम अपने प्रति और अपनी आदतों के प्रति विवेकपूर्ण व्यवहार कर पायेंगे।

महर्षि पतंजलि इस सूत्र के माध्यम से हमें यह सुजागी (सजगता) देते हैं कि मैत्री, करुणा, मुदिता तथा उपेक्षा पूर्ण भावनाओं के प्रति सजगता रखने से हमारा चित्त निर्मल होता हैं एवम् हमारा जीवन बुद्धिपूर्ण होता है और इस सूत्र को ठीक-ठीक समझने पर हमें सहज समाधि उपलब्ध हो जाती है।

प्रच्छर्दनविधारणाभ्यां वा प्राणस्य ॥ 34 ॥

बारी-बारी से श्वास बाहर छोड़ने और रोकने से भी मन शान्त होता है।

महर्षि पतंजलि हमें दूसरी ध्यान विधि दे रहे हैं ताकि हम स्वयं को विश्रांत कर सकें। जो व्यक्ति जितना शांत चित्त अकम्प होगा उतना वह स्वयं को और मानव मन के स्वभाव को, मन के गुण-दोषों को ठीक प्रकार समझ पायेगा। जीवन रहस्यात्मक है, समझ-समझ कर भी हम इसे कितना समझ पाते हैं।

अनेक नासमझी के कार्य तो मन करता ही चला जाता है और अनेक बार जाने-अनजाने हमें भी तो वह अपना सहयोगी बना लेता है। महर्षि पतंजलि ऐसी स्थिति के निराकरण के लिये कहते हैं बारी-बारी से श्वास बाहर छोड़ने एवम् रोकने से भी मन शांत होता है। जब कोई व्यक्ति-कामातुर होता है उसकी श्वास तुरन्त बदल जाती है। जब कोई गुस्से से भरा होता है तब भी उसका शरीर, उसकी आँखें, चेहरा, भाषा, श्वासें सब जैसा भी वह है उसकी स्थिति को प्रकट कर देती हैं। बहुत क्षण आते हैं मानव जीवन में जब हम मदहोश, बेहोश विक्षिप्त से बस जिए चले जाते हैं। बिना किसी सजगता के, बिना किसी होश के बस निहित स्वार्थों की पूर्ति हेतु जीवन्तता को खो देते हैं और सिर्फ बस जीवन को ढोते रहते हैं। महर्षि पतंजलि कहते हैं चित्त के विक्षेपों को दूर करने के लिये जरा इस प्रयोग को करके तो देखो। बारी-बारी श्वांस बाहर छोड़ने और कुछ क्षण उसी अवस्था में रूके रहना फिर श्वांस भीतर लेना फिर उसे कुछ क्षण भीतर रोके रहना। इस प्रक्रिया को कुछ समय निरन्तर दोहराते चले जाना। थोड़े ही समय में तुम अपने भीतर असीम शान्ति को अनुभूत करोगे। बस इस प्रयोग को पूर्ण समग्रता से करना। आधे-अधूरे मन से नहीं सम्पूर्ण समग्रता से कुछ दिन नियमित रूप से किये चले जाना। ऐसा करने से बहुत कुछ घटित होगा।

'प्रच्छेदन' का अर्थ है बाहर निकालना, बाहर फेंकना और 'विधारण' का अर्थ है रोकना। जब योगी साधना के दौरान प्राणवायु को बाहर निकालता है और उसे यथा सम्भव बाहर ही रोक देता है। तब उसका चित्त स्थिर हो जाता है। प्राण वायु को बाहर निकालना 'रेचक' कहलाता है और उसे बाहर ही रोक देना बाहरी 'कुंभक' है। प्राणवायु को भीतर खींचना 'पूरक' कहलाता है और उसे भीतर ही रोक देना आंतरिक 'कुंभक' है।

महर्षि पतंजलि की नजरों में यह प्राणायाम शरीर, मन, विचारों के शुद्धिकरण का उत्तम साधन है। ऐसा करने से मन निर्मल होता है। निर्मल मन आसानी से स्थित-प्रज्ञ हो सकता है। अगले सूत्र में महर्षि पतंजलि मन को स्थिर करने की प्रक्रिया बतलाते हैं।

विषयवती वा प्रवृत्तिरूत्पन्ना मनसः स्थितिनिबन्धिनी ॥ 35 ॥

जब ध्यान से संवेदना उत्पन्न होती है वह मन की स्थिरता आत्मविश्वास को दृढ़ करती है।

जब ध्यान के माध्यम से चित्त एकाग्र हो जाता है तब सत्य के प्रति योगी का विश्वास स्वत: ही बढ़ता है जिससे योगी को बड़ा आन्तरिक सुख अनुभूत होता है। साथ ही साधना के प्रति उसका आत्मविश्वास भी बढ़ता है। योगी जब नियमित रूप से सतत् साधना किये चलता है तब उसका मन स्थित प्रज्ञ हो जाता है। योगी के मन की स्थिरता बढ़ती चलती है और शरीर की चंचलता-चपलता, सजगता एवम् होश के कारण विलीन हो जाती है जिससे योगी का कंटकाकीर्ण मार्ग साफ सुथरा एवम् सुगम हो जाता है उसके स्वयं के नकारात्मक विचार अब उसके मार्ग में बाधा उत्पन्न नहीं करते। उसके भीतर एक गहरी समझ स्वत: ही पैदा हो जाती है। जो साक्षी की छाया मैं निखरती चली जाती है। योगी के जीवन में महर्षि पतंजलि की कृपा से बहुत कुछ घटित होता है। योगी अपने आप को ऐसी स्थितियों में कृतार्थ अनुभूत करता है।

विशोका वा ज्योतिष्मती ॥ 36 ॥

शोकरहित प्रकाशमयी प्रवृत्ति उत्पन्न होने पर चित्त स्थिर होता है।

महर्षि पतंजलि इस सूत्र के माध्यम से अपनी साधना की गहरी अनुभूति को शब्दों के माध्यम से प्रकट कर रहे हैं। प्रत्येक व्यक्ति के भीतर मणिपुर चक्र में नीला प्रकाश पुंज होता है। योगी उसे देख पाता है। अपने भीतर उसे अनुभूत कर पाता है। इस शोकरहित (आनन्द के अतिरेक दिव्य प्रकाश) पावनता को साधना के माध्यम से सातत्य को अनुभूत करने का अपना विज्ञान है। उस आन्तरिक ज्योति को भीतर ही भीतर निहारने से योगी अनेक लोकों की यात्रा करने में सक्षम हो जाता है। वह सम्पूर्ण अस्तित्व से भीतर एवम् बाहर के जगत से अपना नाता जोड़ पाता है। सृष्टि के अनेक शोधपूर्ण एवम् अन्वेषण के कार्य कर पाता है। इन शोधपूर्ण कार्यों को करते हुए योगी की स्थिति विशोक की बनी रहती है। इसी आन्तरिक ज्योति के माध्यम से आर्यवर्त के तीर्थंकरों ने तपस्चर्या की परम् पराकाष्ठा के मुकाम को छुआ है। जिसे और विस्तीर्ण नहीं किया जा सकता।

अपने ही प्रकाश से प्रकाशित होना योगी की साधना का परम् फल है। इस सूत्र में महर्षि पतंजलि न केवल भीतर की अलख जगाने की बात करते है वरन् एक विधि के रूप में इसका प्रयोग करने की भी बात करते हैं। योगी कुछ माह तक मणिपुर चक्र पर ध्यान लगाकर उस भीतर की अलख

को उस नीले प्रकाश को देखने का प्रयास कर सकते हैं। जब वह दिखाई दे जाये तब निरन्तर उस पर ध्यान किया जा सकता है। यह अन्तस के प्रकाश पर किया ज़ाने वाला ध्यान हमें 'स्थित प्रज्ञ' करने वाला है। महर्षि पतंजलि यह भी जानते हैं कि हर योगी इस स्थिति तक नहीं पहुँच सकता मगर अपने अगले सूत्र में वे अपने योगियों पर असीम अनुकम्पा करते से प्रतीत होते हैं। कहते हैं -

वीतरागविषयं वा चित्तम् ॥ 37 ॥

जो वीतरागता को उपलब्ध हो चुका है ऐसे उपलब्ध (तीर्थंकर, बुद्ध, अवतार) का ध्यान करो।

महर्षि पतंजलि यहाँ अपने योगियों को समझाते है साथ में यह भी बतलाते हैं जिन्होंने सत्य को पा लिया है यदि उनका भी ध्यान कर लोगे तो रूपान्तरण घटित हो जायेगा। महावीर की, बुद्ध की प्रतिमा भी साथ दे देगी, बहुत सम्भावना है उपलब्धता की। योगी के लिये ओम् का चित्र भी साथ दे देगा। महर्षि पतंजलि कहते हैं तुम सत्य के पिपासु तो बनो, क्या फर्क पड़ता है यदि तुम अपने भीतर की अलख न जगा पाये? माना कि तुम चूक गये, पर जिन तीर्थंकरों ने अपने भीतर की अलख जगाई है, तुम दो घड़ी उनको तो निहार सकते हो। क्या तुम्हारे पास इतनी फुर्सत भी नहीं? हो सकता है दो घड़ी किसी सम्बुद्ध को निहारना, उसकी मूर्ति के पास बैठना तुम्हारे सारे जीवन को निहाल कर दे। अरे! जीवन्त गुरु की आँख में एक क्षण झाँक कर देख लेना भी जन्म जन्मान्तरों के बन्धन से तार सकता है। महर्षि पतंजलि की नजरों से सच्चा योगी चूक ही नहीं सकता। बहुत तकनीकें हैं महर्षि पतंजलि के योग सूत्रों में उपलब्ध होने की और वह अपने योगियों के सम्मुख धीरे-धीरे अपना सारा खजाना खोलते चले जा रहे हैं। महर्षि पतंजलि कहते हैं वीतरागी कौन? जिनके मन के सारे राग द्वेष, शोक-मोह तिरोहित हो चुके हैं। महावीर, बुद्ध और उन जैसे तीर्थंकर। जब साधक ऐसे किसी तीर्थंकर को ध्येय बनाकर उस पर ध्यान करेगा तो क्या उसका प्रभाव उस योगी पर नही पड़ेगा, क्या योगी का ऐसे प्रयोग द्वारा चित्त निर्मल नहीं होगा?

बहुत सम्भावना है तीर्थंकर की मूर्ति में। हो सकती है किसी प्यारे की सूरत हमारे हृदय में उतर जाये और उसकी वह उपस्थिति हमें निर्मल कर

दे। हमें चित्त की सारी विक्षिप्ताओं से बाहर ले आये। बहुत सम्भावना है हमारी ऊर्जा के एक मेक होने की, योगी का स्वरूप दिव्य है पावन है। भजन, कीर्तन, सत्संग, उपासना, साधना, योग, ध्यान उस स्वरूप को पाने का मार्ग है।

स्वप्ननिद्राज्ञानालम्बनं वा ॥ 38 ॥

स्वप्न और सुषुप्ति के ज्ञान का आलम्बन होने से भी चित्त स्थिर रहता है।

आज का इंसान जागते हुए भी सपने देखता है, और नींद उसे आती नहीं। जिसे नींद ठीक प्रकार से नहीं आती वह व्यक्ति रोज रात मृत्यु का अनुभव नहीं कर पाता। जो रोज छोटी मृत्यु के अनुभव से नहीं गुजरता वह प्रातः उठकर न तो अस्तित्व के उपहार में मिली देह का ठीक प्रकार आदर कर पाता है, न ही उदित होते दिन का। उत्सुकता, उत्साह, उमंग, रोमांच सब धीरे-धीरे उम्र के साथ फीके पड़ जाते हैं और रोज के तनाव, दैनन्दिन के झगड़े हमारे जीवन पर हावी हो जाते हैं।

जागते में हमारा चेतन मन काम करता है जो बुद्धि से अधिक जुड़ा होता है वहीं सोते में हमारा अचेतन मन सक्रिय हो जाता है जो हमारे भावों से अधिक जुड़ा होता है, हमारी पाश्विक प्रवृत्ति से शरीर की मांग से अधिक जुड़ा होता है। तीसरी सम्भावना है यदि नींद बहुत गहरी हो, स्वप्न रहित हो लगभग बेहोशी की हो तब गहरी नींद जागरण का प्रतीक बन जाती है वह हमें परम् चेतन अवस्था तक पहुँचा सकती है। सिर्फ गहरी नींद में तो हमारा दृश्य जगत पूर्णतया अनुपस्थित हो जाता है। उसी अन्तराल में माया जगत के सारे भ्रम भी तिरोहित हो जाते हैं। तब योगी के सम्मुख स्वप्न एवम् सुषुप्ति का भेद खुलता है। परम् चेतन अवस्था में किया गया अवधान योगी को बोधगम्य बना देता है। ऐसी स्थिति में योगी का चित्त परम् शान्ति, परम् सुकून को अनुभूत करता है और स्थिर हो जाता है।

यथाभिमतध्यानाद्वा ॥ 39 ॥

जो तुम्हें आकर्षित करता है उस पर ध्यान करने से चित्त एकाग्र होता है।

महर्षि पतंजलि करुणावश एक और तकनीक बता रहे हैं कहते हैं जरूरी नहीं तुम्हारी नींद बहुत गहरी हो। दैनन्दिन के तनाव तुम पर हावी हों और तुम गहरी नींद में न जा सको। हो सकता है चाह कर भी तुम गहरी नींद का आनन्द न ले सको। परम् के उपहार का तुम पूरा-पूरा आदर न कर सको। नींद में स्वप्न रहित अवस्था को अनुभूत न कर पाओ तब भी निराश होने की आवश्यकता नहीं है। बहुत तरीके हैं रूपान्तरण के इस दुनिया में, कोई तो ऐसा होगा जो तुम्हें अच्छा लगता हो। तुम उसी पर ध्यान कर लेना जो तुम्हें आकर्षित करता हो। सरलतम् विधि इससे सरल तकनीक और क्या होगी।

महर्षि पतंजलि कभी किसी को जटिल विधि देते ही नहीं, सरलतम विधियाँ ही उनका अवदान है। आवश्यकता है तो योगी को सिर्फ अभ्यास की। आधी रात को चाँद को निहारा जा सकता है। रात के सन्नाटे का अहसास भी ध्यान ही तो है। अमावस की रात में यदि चाँद भी न हो उपस्थित फिर भी तारों की हसीन मेखला तो है। रात की स्तब्धता, नीरवता, रात का भी अपना सौन्दर्य है। ध्यान की अंतर यात्रा पर चलना बड़ा सुगम है। मगर हम कभी-कभी जिज्ञासावश महर्षि पतंजलि के सूत्रों को तो उपन्यास की भांति पढ़ते चले जाते हैं मगर विश्रान्ति का आनन्द लेते हुए अपने चित्त को ध्यान के माध्यम से निर्मल करने का प्रयास नहीं करते। साथ ही जब भी मौका मिलता है अपने गुरु से भी यह शिकायत करने से नहीं चूकते कि हममें बदलाव क्यों नहीं आता है? बदलाव न आने का एक ही कारण है आत्मनिरीक्षण में कमी। अभी हमें स्वयं को ठीक प्रकार से देखना नहीं आया। शायद किसी ध्यान विधि के माध्यम से ऐसा सम्भव हो जाये अत: महर्षि पतंजलि हमें अनेक प्रकार की सरलतम ध्यान विधियाँ बतला रहे हैं।

महर्षि पतंजलि के अनुसार अभिमत से तात्पर्य इष्ट या जीवन्त सद्गुरु जो तुम्हारे भीतर के साधारण भावों को पावनता प्रदान कर सके, तुम उसके सरलतम रूप का भी ध्यान कर सकते हो।

योगी वह है जिसका चित्त स्थिर है एवम् चित्त की स्थिरता से ही उसका आत्मविश्वास बढ़ गया है। ऐसे योगियों की आन्तरिक स्थिति का वर्णन करते हुए महर्षि पतंजलि कहते हैं –

परमाणुपरममहत्वान्तोऽस्य वशीकारः ॥ 40 ॥

इस प्रकार योगी हो जाता है सबका मालिक – अति सूक्ष्म परम्‌ाणु से लेकर अपरिसीमित तक का।

तथाकथित सांसारिक एवम् सन्यास जीवन यापन के लिये सीमित ऊर्जा भी पर्याप्त है मगर महर्षि पतंजलि के अनुरूप अनुशासन स्थापित करने हेतु योगी को असीम ऊर्जा चाहिये। अन्यथा योगी सत्य के अनुरूप जीवन को अनुशासित करने में कामयाब न हो पायेगा। योगी सकारात्मक ऊर्जा का भण्डार होता है। शनैः शनैः अन्तस जगत् एवम् अस्तित्व से सूक्ष्म रूप से उसके तार जुड़ते चले जाते हैं। सतत् अभ्यास एवम् वैराग्य के कारण वह सदैव अस्तित्व रूपी कल्पवृक्ष से तादात्म्य स्थापित कर लेता है। अस्तित्व से तादात्म्य स्थापित होने पर वह स्थूल शरीर में रहकर भी बादल के समान हल्का अनुभूत करता है और वह सबका मालिक हो जाता है। अति सूक्ष्म अणु–परम्‌ाणु से लेकर ब्रह्माण्ड तक का। योगी के तार परमचेतन से जुड़ जाते है, यानि उस परम् को वह जान लेता है उसे जानने से जगत को देखने का उसका नजरिया बदल जाता है। परम् चेतन योगी के पास महर्षि पतंजलि के अनुरूप परम् स्पष्ट दृष्टि भी होती है।

इस प्रकार योगी का अपने चित्त पर अधिकार हो जाता है। निज अनुशासन सत्य को जानने के इतने द्वार खोल देता है, जहाँ साक्षी भाव से हमारी नजर स्पष्ट हो जाती है। योगी को ऐसा लगता है कि उसकी आँख का सारा कचरा गिर गया। अगले सूत्र में सम्प्रज्ञात निर्बीज समाधि एवम् उसकी सिद्ध अवस्था पर महर्षि पतंजलि प्रकाश डालेंगे।

क्षीणवृत्तेरभिजातस्येव मणेर्ग्रहीतृग्रहणग्राहेयषु तत्स्थतदञ्जनता समापत्तिः ॥ 41 ॥

जब चित्त (स्थित प्रज्ञ) नियन्त्रण में होता है तब वह बन जाता है शुद्ध स्फटिक की भांति, फिर वह तटस्थता से परिभाषित करता है बोध कर्ता को, बोध को और बोध के विषय को।

चित्त स्थित प्रज्ञ तब होगा जब किसी योगी की सांसारिक वृत्तियाँ ध्यान–साधना के सतत् अभ्यास एवम् सत्संग श्रवण से क्षीण हो जायेंगी। ऐसे योगी का चित्त पारदर्शी मणि के समान निर्मल हो जायेगा। जब व्यक्ति

का चित्त निर्मल होता है ऐसी स्थिति में योगी का स्वभाव स्फटिक मणि के समान पारदर्शी हो जाता है। उसका रोना, हँसना, मौन, चलना, फिरना, उठना-बैठना, सोना-जागना सब कुछ पारदर्शी होता है। कोई बनावट कोई दुराव-छिपाव की सम्भावना उसके व्यक्तित्व-कृतित्व में नहीं रहती। तभी शुद्धिकरण के तत्पश्चात् योगी कैसा होना चाहिये महर्षि पतंजलि यहाँ योगी की तुलना स्फटिक मणि से करते हैं कहते है योगी का मन भी स्फटिक मणि के समान शुद्ध हो जाता है।

योगी जब अपने चित्त को निर्मल कर पाता है तभी उसका स्वयं का सोच स्पष्ट होता है। वह सत्य को अनुभूत करने की, उस पर अडिग रहने की, उस पर चलने की क्षमता पा लेता है। हम वही बाँट सकते हैं जो हमारे पास है। जो नहीं है उसे भला कैसे बाँट सकते हैं? जो कुछ जीवन में हमने सीखा होता है वैसा ही व्यवहार हम दूसरों के साथ कर पाते हैं। योगी के व्यवहार में उसकी साधना झलकती है। संसारी के व्यवहार में उसकी वासना झलकती है। योगी ने जीवन भर आन्तरिक शुद्धिकरण के अभ्यास किये हैं वह उनका बोधकर्त्ता है अतः योगी में बोध को अनुभूत करवाने की भी अस्तित्वगत क्षमता है। वह उसका निमित्त है, चैनल है। इसीलिये वह उस बोध को शब्द के माध्यम से एवम् अनुभूति के माध्यम से अभिव्यक्त भी कर सकता है। यह उसका अपना आनन्द है। इस सूत्र के माध्यम से महर्षि पतंजलि ने सम्प्रज्ञात समाधि के स्वरूप का विवेचन किया है अब वह अपनी सूक्ष्म दृष्टि से इसके भेदों को विस्तीर्ण करेंगे।

तत्र शब्दार्थज्ञान विकल्पैः संकीर्णा सवितर्का समापत्तिः ॥ 42 ॥

सवितर्क समाधि वह है, जहाँ योगी अभी भी वह भेद करने के योग्य नहीं होता जो सच्चे ज्ञान तथा शब्दों पर आधारित ज्ञान, तर्क या इन्द्रिय ज्ञान के मध्य होता है। यह सब मिश्रित अवस्था में मन में बनता रहता है।

महर्षि पतंजलि के अनुरूप सत्य को आत्मा की आवाज सुन कर ही जाना जा सकता है। प्रश्न यह है कि क्या हम आत्मा की आवाज को सही दिशा में सुन पाने में सक्षम हैं या सिर्फ अहंकार की दिशा को ही आत्मा की प्रतिध्वनि मानकर हमने अपने ऊपर उसे आरोपित कर लिया है।

उदाहरण के तौर पर जब कभी दो व्यक्ति आपस में लड़ते हैं तब दोनों कहते हैं गलत बात हमसे बर्दाश्त नहीं होती। जब दोनों ही सही हैं तो झगड़ा

किस बात का है? दोनों स्वयं को सही एवम् दूसरे को गलत मान कर चल रहे हैं। महर्षि पतंजलि की नजरों में सत्य क्या है? यह भेद करना ही तो बड़ा मुश्किल है। दूसरी तरफ महर्षि पतंजलि यह इशारा कर रहे हैं सच्चा ज्ञान घटित ही उसे होता है जिसका चित्त स्फटिक की भांति निर्मल है अन्यथा जीवन भर हम जो नहीं है उसकी झूठी घोषणाएँ ही करते रहते हैं। जिनका हमारे स्वयं के केन्द्र से कोई सम्बन्ध नहीं होता, हमारी ऊर्जा ही यदि गलत दिशा में प्रवाहित होगी तो सही दिशा का निर्णय भी हम कैसे ले पायेंगे?

लोग आत्मा-परमात्मा की खूब बातें करते हैं। इस लोक, उस लोक की खूब कथाएँ सुनाते हैं मगर पास बैठे किसी पंछी की चहचहाट हमारे कानों को नहीं सुनाई देती। घर के आस-पास के जीवन्त वृक्ष को देखने की फुर्सत हमें नहीं होती। कभी आसपास के वृक्षों को हमने एक बाल्टी पानी भी नहीं दिया होता। कभी निगाह भर किसी को प्रेम से देखने की फुर्सत हमें नहीं होती।

उदित सूर्य को निहारने, उसकी अरुणिमा को देखने, साँझ के सौन्दर्य का आनन्द लेने, प्रकृति के लुभावने मनभावन रूप देखने, तारिकाओं की हसीन मेखलाओं के सौन्दर्य में डूबने, चाँद-तारों से प्रेम करने की फुर्सत किसे है भला? प्रति वर्ष एक माह हिमालय में विहार कर हिमालय के सम्प्रेषण और ऊर्जा क्षेत्रों में वास करना, उसकी गोद में सर्व समर्पित कर विश्रान्ति को अनुभूत करना, हमने अभी ऐसा जीवन जीने का शुभारम्भ किया कहाँ है? जीवन है कि हर जन्म में ऐसे हमारे हाथ से फिसल जाता है जैसे बन्द मुट्ठी में से रेत!

सवितर्क समाधि की अवस्था में योगी का होश अभी परिपूर्ण अवस्था में सधा हुआ नहीं होता इसी कारण वह भेद नहीं कर पाता सच्चे ज्ञान में और शब्द रूपी ज्ञान में। वह दोहराता तो चला जाता है निराकार को, वह बातें तो करता चला जाता है आत्मा-परम्ात्मा की पर उसका आन्तरिक पुष्प अभी खिला नहीं होता। कभी-कभी वह समझ-समझ कर उस खिलावट को ओढ़ तो लेता है पर उसकी खिलावट अभी पूर्णरूपेण प्रकट नहीं होती। उसकी समझ में शब्द ज्ञान तो समाहित है मगर अनुभूति की 'फील' की कमी होती है। सतत् अभ्यास और वैराग्य उसका पूर्णरूपेण सधा नहीं है, वैराग्य के मीठे फल का अभी उसे पता नहीं है। जीवन्तता से जीना तो चाहता है लेकिन बन्धनमुक्त जीवन कैसा होता है अभी उसे उसका अनुमान

नहीं है। अभी तो वह स्वतन्त्रता नहीं वरन् बन्धन ही खोज रहा है। योगी के जीवन की पराकाष्ठा और अन्तिम ध्येय क्या है उसे अभी उसने सुना-सुना है, अभी उस पर चला नहीं है। अभी तो उसने समाधि की सिर्फ एक झलक पायी है, घटना जरूर घटी है, कुछ स्वाद जरूर चखा है, अस्तित्व का, मगर यह शुरुआत है एक सीढ़ी के समान, मंजिल अभी दूर है।

स्मृतिपरिशुद्धौ स्वरूपशून्येवार्थमात्रनिर्भासा निर्वितर्का ॥ 43 ॥

स्मृति के परिशुद्ध होने पर मन बिना किसी अवरोध के यथार्थता को देख सकता है। ऐसे में निवितर्क समाधि फलित होती है।

शब्द तार्किक दृष्टि का प्रतीक है। ज्ञान को शब्द के माध्यम से परिभाषित किया जाता है मगर सत्य तर्कातीत है, तर्क के पार भी उसका अस्तित्व है। समयातीत है, समय के पार भी उसका अस्तित्व है। शब्दों को तो याद किया जा सकता है, सत्य तो प्रकट होता है उसे याद नहीं किया जा सकता उसे तो जिया जा सकता है। कभी कभी तो वह प्रकट ही तब होता है जब सारे तर्क गिर जाते हैं। जब योगी की स्मृति परिशुद्ध हो जाती है। सवितर्क समाधि में योगी एक तल को छूता है वहीं निवितर्क समाधि में योगी दूसरे किसी तल को छूता है। धीरे-धीरे योगी की चेतना सूक्ष्म से सूक्ष्मतर होती हुई परम् चेतना से पूर्णतः योग स्थापित कर पाती है। निवितर्क समाधि उसका दूसरा चरण है।

साधना करते करते योगी का चित्त धुनी हुई रुई के समान शुद्धतम अवस्था को पा जाता है। जब वह किसी ध्येय में लीन होता है, जब वह ध्यान मग्न अवस्था में होता है तब कभी-कभी ऐसे सौभाग्य के क्षण प्रकट होते हैं कि वह शून्य के अन्तराल को, अनहद्-नाद को श्रवण करने लायक हो जाता है। वह चित्त अपनी शुद्धतम अवस्था को पा जाता है।

एतयैव सविचारा निर्विचारा च सूक्ष्मविषया व्याख्याता ॥ 44 ॥

सूक्ष्म विषयों से संबंधित समाधि का लोक सूक्ष्म ऊर्जा की निराकार अवस्था तक फैलता है, यानि सर्वत्र व्याप्त होता है। रहस्य से परिपूर्ण है।

महर्षि पतंजलि है रहस्यदर्शिता से ओत-प्रोत। मगर हम कहाँ हैं? वर्तमान को क्या पूर्णरूपेण भुला दिया है? बस सिर्फ अतीत के सन्ताप,

भविष्य की सुनहरी यादें, क्या हम उसे जान पायेंगे जो महर्षि पतंजलि हमें इस सूत्र के माध्यम से अवगत करवाना चाह रहे हैं? महर्षि पतंजलि के सूत्रों को ठीक प्रकार से समझ पायें तब तो योगी भी समाधि को फलित कर पायेंगे। इस प्रकार योगी अपने प्रथम एवम् अन्तिम ध्येय समाधि को उसके विभिन्न आयामों में फलित कर पायेंगे। अस्तित्व अस्तित्व है, स्थूल से स्थूलतर, सूक्ष्म से सूक्ष्मतर, पंचभूत तत्त्वों को समग्ररूपेण विभिन्न रूपों में अवस्थित करना, चैतन्यता का उसमें समिश्रण करना और देहधारियों के सब प्रकार के खेल देखना चुपके चुपके कोई इस परमसत्ता से जाने। उसके प्रकट होने और अप्रकट होने का ढंग निराला है। महर्षि पतंजलि ने सवितर्क और निर्वितर्क समाधि के भेद बतलाये हैं :- सविचार और निर्विचार। शब्द, अर्थ, ज्ञान की मिली-जुली स्थिति सविचार समाधि है। जब मौन के अन्तराल का घनत्व बढ़ जाये तब फलित होती है निर्विचार समाधि। अस्तित्व से एकमेक होने, निराकार का ज्ञान होने, ज्ञान को भी ज्ञान के रूप में न ढोने, उसे भी बन्धन न बना लेने की जागृति हमें इस सूत्र के माध्यम से मिलती है।

सूक्ष्मविषयत्वं चालिङ्गपर्यवसानम् ॥ 45 ॥

सूक्ष्म विषयों का लोक निराकार अवस्था तक फैलता है।

अनन्त को कितना भी जान लो फिर भी अनन्त शेष रह जायेगा। जिसे नहीं जाना जा सकता, जिसे व्यक्त नहीं किया जा सकता। मजे की बात यह है कि जो कुछ व्यक्त किया जा चुका है वह इतना कीमती नहीं जितना वह है जो अव्यक्त है। उस अव्यक्त के प्रकट होने के भी बड़े सूक्ष्मतम् ढंग हैं। इसे जैसे कोई सूक्ष्म पदार्थ को या निराकार को ध्येय बनाकर ध्यान करने लगे, बात बात में उस निराकार को शब्दों के माध्यम से प्रकट करने लगे उसके प्रति भी साकार की भाँति श्रद्धा रखे, फिर भी उस सूक्ष्म पदार्थ को अपने सम्प्रदाय, धर्म, देश, काल, परिस्थिति आदि की स्मृति के साथ तादात्मय बनाये रखे, तब तक सविचार समाधि की अनुभूति है और जब देश काल, परिस्थिति आदि सम्पूर्ण स्थितियाँ लुप्त हो जाये केवल ध्येय या ध्येयाकार वृत्ति ही शेष रहे वह निर्विकार समाधि है।

मानव चित्त में अहंकार बड़ा सूक्ष्म है। अहंकार से सूक्ष्म महत्त्व तत्त्व को माना गया है। फिर प्रकृति बड़ी सूक्ष्म है उसे चिन्ह रहित माना गया है। प्रकृति त्रिगुणात्मक शक्ति की साम्या-अवस्था है सत्, रज, तम उसमें समाहित है। प्रकृति से भी सूक्ष्म चेतन पुरुष को माना है। इस प्रकार सम्प्रज्ञात समाधि की चार अवस्थाएँ हैं:—सवितर्क, निर्वितर्क, सविचार, निर्विचार।

ता एव सबीजः समाधिः ॥ 46 ॥

ये सबीज समाधियाँ हैं।

ये चार प्रकार की समाधियाँ किसी विषय का ध्यान करने से फलित होती हैं। इन चार प्रकार की समाधियों को महर्षि पतंजलि सबीज समाधियों की संज्ञा देते हैं। आपके अनुसार ये समाधियाँ हमें आवागमन से मुक्त नहीं करती। सारी मुसीबत यह है कि आलम्बन से कैसे मुक्त हों। कोई न कोई विषय सदैव बुद्धि पर अवलंबित है। सबीज का अर्थ है बीजसहित। बीज है आलंबन। जब हम कहते हैं 'मैं शुद्ध चेतन हूँ' या मैं परम् का अंश हूँ। परम् की अत्यान्तिक इकाई हूँ, निराकार का रूप हूँ। इस प्रकार के भाव भी बुद्धि वृत्ति के द्योतक हैं। अतएव यह भी सबीज हैं। जब चित्त की सम्पूर्ण वृत्तियाँ शान्त हो जाती है। शान्त सरोवर के समान जहाँ कोई लहर, कोई वर्तुल नहीं है तब असंप्रज्ञात समाधि होती है। उनमें बड़ा सूक्ष्म भेद है। इधर जरा-सी हवा चली कि उधर सरोवर में लहर उठी। इधर किसी ने पानी में कंकर फैंका कि तुरन्त उससे प्रभावित होकर सरोवर में वर्तुल बना। जहाँ कोई लहर नहीं, किसी प्रकार का कोई वर्तुल नहीं वहाँ असंप्रज्ञात समाधि है। जहाँ कोई बीज नहीं, मनरूपी बीज जहाँ समाप्त हो गया वहीं कैवल्य है, निर्वीज समाधि है।

निर्विचारवैशारघेऽधयात्मप्रसादः ॥ 47 ॥

समाधि की निर्विचार अवस्था में पूर्ण निर्मलता (शुद्धता) प्रकट होने पर मिलता है अध्यात्मिक प्रसाद। (आध्यात्मिक शान्ति)

स्थित प्रज्ञ होना ही आध्यात्मिक प्रसाद पा लेना है। मन्दिर में मिलने वाला प्रसाद तो प्रतीक है, उस आध्यात्मिक प्रसाद का। जो कुछ भी चाहा

वह अकस्मात पूरा हो गया। तुमने शायद सोचा भी न था कि तुम्हें आध्यात्मिक प्रसाद मिलेगा और दिव्य प्रेम से परमात्मा ने तुम्हारी झोली भर दी। अचानक तुम्हें वह सब मिल गया जिसकी जन्म जन्मान्तरों से तुम्हें चाह थी। तुम प्रयास तो कुछ और पाने का कर रहे थे तुम्हें पता भी न था कि इस रूप में झोली भरकर आध्यात्मिक प्रसाद मिलेगा। तुम तो स्वयं को इस आध्यात्मिक प्रसाद के लायक भी न समझ रहे थे। पर उसने तुम्हें लायक समझा । तुमने परम् शुद्धता की अवस्था को देखा तक न था, तुम्हारे पास उसे देखने की आँख तो थी पर उसने आँख में पड़ा कचरा इतने प्रेम से हटाया कि तुम्हें पता भी न चला। तुम्हें चोट भी न पहुँची और तुम परम् शुद्धता को उसके शुद्धतम स्वरूप में देख पाये। तुम अभी सजग भी न थे कि तुम पर फूलों की वर्षा हो गयी। अस्तित्व स्वयं प्रकट हो गया, तुम पर फूल बरसाने को। ऐसा लुटाया उसने आध्यात्मिक प्रसाद कि तुम उसके मन भावन रूपों की रंग-गुलाल में बस बहते चले गये। तुम्हें पता भी न चला और एक स्वर्ग उतर आया धरती पर।

इन्सान तो कितने श्रम करता है कितनी मेहनत करता है, कोल्हू के बैल की भाँति। फिर भी पहुँचता कहीं नहीं, यदि हमारे बस में होता तो हम आध्यात्मिक प्रसाद को भी अर्जित कर लेते।

प्रसाद का अर्थ ही है उपहार। वह तो अकस्मात ही मिलता है। तुम इसे अर्जित नहीं कर सकते, तुम इसे दावे से मांग नहीं सकते, तुम इस पर हक नहीं जमा सकते। हाँ, फिर भी बहुत कुछ तुम्हारे (निर्मल शुद्धतम) समर्पण पर निर्भर करता है। इस प्रसाद को पाकर तुम संसार में सबसे वैभवशाली हो जाते हो।

इस आध्यात्मिक प्रसाद को पाकर तुम्हारा चित्त निर्मल हो जाता है। शुद्ध स्फटिक की भाँति। कृतार्थ होने का अनुभव, स्वभाव की धीर-गम्भीरता, मन की चंचलता का रोमांच, फिर भी अन्तस की समझ, मन की स्वस्थता-सौम्यता, स्पष्टता, उज्ज्वलता पारदर्शिता, दिव्य पावन पुनीत प्रेमपूर्ण अवस्था सभी तो पा लेते हो तुम आध्यात्मिक प्रसाद के मिलने पर।

ऋतम्भरा तत्र प्रज्ञा ॥ 48 ॥

उस अवस्था में चेतना सत्य से संपूरित होती है।

सत्संग का श्रवण एवम् ध्यान एक दूसरे के पूरक हैं। ऋषि-मुनियों (महाराजों) के माध्यम से हम आगमों की भाषा, शास्त्रों का ज्ञान समझने

का प्रयत्न बुद्धि के तल पर करते हैं। समाधि अभ्यास यानि ध्यान हमारे हृदय के तलों को खोलता है ताकि बुद्धि बल की ऊर्जा को हृदय तल समाहित कर सके। ऐसा होने पर हम सत्य को आत्मसात् कर पाते हैं। आत्मा अमर है। दोहराने मात्र से जिस प्रकार हम आत्मा के स्वरूप को नहीं पहचान पाते। जिस प्रकार धर्म ग्रन्थों की चर्चा करने वाले पंडित उसे अपने भीतर समाहित नहीं कर पाते एवम् मन्दिरों के पुजारी भी सिर्फ ट्रस्टियों के नौकर बन कर रह जाते हैं और सत्य को आत्मसात् करने की बजाए संसार को भय देना प्रारम्भ कर देते हैं, ठीक उसी प्रकार सिर्फ ज्ञान की चर्चा करने से, शास्त्रों को रट लेने से हमारा जीवन रूपान्तरित नहीं होता। सिर्फ कर्मकाण्डों एवम् पाप-पुण्य के फेर में पड़कर हम कोई स्पष्ट दृष्टि नहीं पाते, सिर्फ छोटे-छोटे सम्प्रदायों में बँटते चले जाते हैं। जब भी किसी सम्प्रदाय के उपसम्प्रदाय होते हैं तो उसकी पीड़ा उसी सम्प्रदाय से विभाजित मानवों को भोगनी पड़ती है और इन्हीं सब बातों में सत्य कब तिरोहित हो जाता है हमें पता भी नहीं चलता।

महर्षि पतंजलि के अनुरूप योगी गुरुजनों के प्रवचनों को सुनकर जो आत्मज्ञान प्राप्त करता है वह बौद्धिक होता है, परन्तु ध्यान के द्वारा योगी का चित्त निर्मल होता है। सत्य के समाहित होने के साथ चित्त का शुद्धिकरण, रूपान्तरण हो जाता है, उसकी प्रज्ञा ऋतंभरा हो जाती है।

महर्षि पतंजलि के अनुसार योगी की अध्ययनशील प्रवृत्ति, अनुमान की तन्मयता, ध्यान का अभ्यास, श्रवण तन्मयता एवम् वैराग्य उसकी विश्रांति का मार्ग प्रशस्त करते हैं। इन सबके माध्यम से योगी की प्रज्ञा प्रांजल होकर अपने उच्चतम स्वरूप में स्थापित हो जाती है।

श्रुतानुमानप्रज्ञाभ्यामन्यविषया विशेषार्थत्वात् ॥ 49 ॥

विषद् वस्तु की अनुकृति होने पर ज्ञान प्रत्यक्ष प्रकट होता है।

महर्षि पतंजलि कहते हैं कि ऋतंभरा प्रज्ञा से जो संस्कार उत्पन्न होते हैं वे सात्विक एवम् ज्ञान-वैराग्य से पूर्ण होते हैं एवम् उसी प्रकार के सम्प्रेषण को बढ़ावा देने वाले होते हैं। उन विचारों को सुनकर साधक भी आनन्दित होते हैं। ये सत्व को बढ़ाने वाले एवम् रजस व तमस को घटाने वाले होते हैं।

ऐसे ही योगी सत्य को आत्मसात् कर उसी के अनुरूप संसार में व्यवहार करते हैं। उनकी वाणी से, व्यवहार से, कार्यों से सत्य प्रकट होता है। जिस योगी का चित्त निर्मल हो जाता है उसके हृदय में राग द्वेषपूर्ण विचारों का वास नहीं होता। वास्तविक योगी के हृदय में किसी प्रकार के दुर्गुणों का वास नहीं होता। ऐसा निर्मल चित्त वाला योगी वासनायुक्त बन्धनों में नहीं उलझता। यद्यपि देह के रहते संसारी का मन इंद्रियों, पदार्थ एवम् परिस्थितियों के प्रभाव में रहता है और सन्यस्त एवम् गृहस्थ दोनों के विकार बन्धनों में बँधने की सम्भावना बनी रहती है। सच्चा योगी साधक वही है जो ऋतंभरा प्रज्ञा से युक्त होशपूर्ण, दिव्य-पावन-पुनीत व्यवहार करे।

तज्जः संस्कारोऽन्यसंस्कारप्रतिबन्धी ॥ 50 ॥

जो प्रत्यक्ष बोध निर्विचार समाधि में उपलब्ध होता है वह बोध संवेदनाओं के पार का है।

महर्षि पतंजलि ऐसे बोध को निर्बीज समाधि की संज्ञा देते हैं। योगी सत्य का उपासक होता है, योगी का चित्त निर्मल होता है। योगी के हृदय से आनन्द, समता-शान्ति, विश्रान्ति की निर्झरिणी प्रवाहित रहती है। ऐसे हृदय में नकारात्मक भावों, विचारों का ठहर पाना सम्भव नहीं है। यही योगी के जीवन की ऊचाइयाँ हैं। ऐसे योगी के पवित्र संस्कार बन्धनदायी संस्कारों के नाशक होते हैं।

जब यह संस्कार कट जाते हैं तब जीवन-मृत्यु का भेद मिट जाता है। जीवन और मृत्यु भी देह पर नियन्त्रण है। उसके प्रकट और अप्रकट होने का अपना ढंग है। योगी के लिये ऐसा क्षण भी आता है जब सब प्रकार की सीमाएँ तिरोहित हो जाती हैं। योगी जीते जी निराकार को जान पाता है। उसके ज्ञान को आत्मसात् कर पाता है। फिर उसे स्वामी, सन्यासी, महाराज, योगी, भक्त, दास किसी नाम से पुकारो उसके सारे भेद मिट जाते हैं।

तस्यापि निरोधे सर्वनिरोधान्निर्बीजःसमाधिः ॥ 51 ॥

चित्त का सब प्रकार से निराकरण हो जाने पर निर्बीज समाधि फलित होती है।

जब योगी के सब प्रकार के अवरोध एवम् बाधाएँ दूर हो जाती है या उसके सभी चक्र सक्रिय हो जाने से कोई अवरोध, अवरोध नहीं रहता तब

न केवल निर्बीज समाधि उपलब्ध होती है वरन् जीवन-मृत्यु के आवागमन से भी योगी मुक्त हो जाता है। इसे ही असंप्रज्ञात समाधि या कैवल्य अवस्था कहा जाता है, क्योंकि योगी के सभी प्रकार के संस्कारों का निराकरण हो जाता है।

योगी को चाहिये कि ध्यान के सतत् अभ्यास एवम् वैराग्य द्वारा अपने मन, कर्म, वचन को निर्मल करे, साथ ही गुरुजनों की वाणी का बारम्बार अध्ययन-श्रवण करे ताकि वह वाणी आत्मसात् हो सके। ऐसा करने से योगी की प्रज्ञा ऋतंभरा हो जाती है। धीरे-धीरे योगी विवेक-ज्ञान से ऊपर उठकर अपने वास्तविक स्वरूप को दृष्टा एवम् साक्षी बन पहचान पायेगा। फिर शुभ-अशुभ के चिन्तन को भी त्याग देगा। योगी का चित्त ही परम् आनन्द को अनुभूत करने में सक्षम होता है। जब तक योगी देह में विचरण करता है, उसके जीवन को होश युक्त ज्ञान ऋतंभरा शक्ति संचालित करती है। इस प्रकार देह में रहते हुए भी योगी का आचरण परम्हंस के समान मुक्त रहता है। योगी अभ्यास एवम् वैराग्यरूपी पंखों से परम्हंस के समान अपनी जीवन यात्रा को बड़े ही आनन्द, मुक्तावस्था, सेवा, करुणा, प्रेमपूर्ण भावों के साथ समग्रता का जीवन जीकर पूर्ण करता है। ●

दूसरा प्रकरण

साधनापाद

तपः स्वाध्यायेश्वरप्रणिधानानि क्रियायोगः ॥ 1 ॥

तप, स्वाध्याय और ईश्वर की शरणागति क्रिया योग है।

तप—तप से तात्पर्य तपश्चर्या यानि ध्यान से है। ध्यान कोई प्रदर्शन की वस्तु नहीं है, वरन् आन्तरिक अभिकरण को जागृत करने की प्रक्रिया है। शरीर को अधिक संताप देना अविवेक का लक्षण है, मगर ठीक रूप से किया गया तप-ध्यान विवेक का लक्षण है। ध्यान के माध्यम से आहार-विहार में सन्तुलन कायम किया जा सकता है। मन में सन्तुलन स्थापित कर उसे सद्गुणों की तरफ प्रेरित किया जा सकता है एवम् ध्यान चित्त की वृत्तियों के निराकरण के लिये बड़ा उपयोगी है। निरन्तंर किया गया ध्यान का सतत् अभ्यास हमारी ऊर्जा को सकारात्मक करने में सहयोग देता है।

स्वाध्याय—स्व का मतलब अपनी आत्मा के स्वरूप से है। स्व का एक और अर्थ स्वयं के स्वभाव को समझने से है। योगी निरन्तर स्वयं के स्वभाव का अन्तर्निरीक्षण करते रहते हैं और अपने स्वभावगत दोषों को दूर करने हेतु प्रयत्नरत रहते हैं।

प्राचीन सत् साहित्य का अध्ययन करने से भी हमारा दृष्टिफलक विराटता पाता है। हमें मानसिक शान्ति मिलती है, हमारे मन की मलिनताएँ दूर होती है। हम धीरे-धीरे ज्ञान मार्ग की तरफ आगे बढ़ते हैं। हमारा विवेक अध्ययनशील प्रवृत्ति से जागृत होता है। भक्ति, ज्ञान, वैराग्य का विकास होता है। हमारी समझ बढ़ती है।

ईश्वर प्राणीधान—महर्षि पतंजलि के अनुसार ईश्वर में विश्वास करने से हमारे भीतर श्रद्धा पनपती है, समर्पण पैदा होता है एवम् हमारा अहंकार तिरोहित होता है। मुक्त पुरुष के रूप में महर्षि पतंजलि ने जो ईश्वर की परिकल्पना की है उससे प्राणी मात्र को मुक्ति भावना की प्रेरणा मिलती है।

महर्षि पतंजलि ने साधना पाद को क्रिया योग की संज्ञा भी दी है। जो क्रिया एवम् कर्म योग में सहयोग करे ऐसी क्रिया को क्रियायोग कहते हैं। सहज संयम, स्वाध्याय एवम् ईश्वर के प्रति समर्पण से एक योगी के जीवन में बहुत कुछ फलित होता है।

समाधिभावनार्थः क्लेशतनूकरणार्थश्च ॥ 2 ॥

क्रिया योग समाधि की भावना को दृढ़ करने तथा क्लेशों को क्षीण करने के लिये है।

तनु का अर्थ है क्षीण। समाधि से क्लेश क्षीण होते हैं। तप-स्वाध्याय से समाधि की भावना पुष्ट होती है, चित्त अंतर्मुखी होता है। क्लेशों के क्षीण होने पर ही साधक के विवेक का उदय होता है। साधक की यही साधना है कि वह अपने दुःखों से स्वयं को मुक्त कर ले।

योग का सतत् अभ्यास हमारे अवरोधों, बाधाओं, क्लेशों को हटाकर हमारा समाधि का रास्ता प्रशस्त करता है। परमात्मा के प्रति समर्पण करने से हम सब प्रकार के अहंकार से तटस्थ, मुक्त हो जाते हैं। समर्पण के माध्यम से हमारा अहंकार तिरोहित होता है और हमारे तार ईश्वर से जुड़ जाते हैं। समर्पण के माध्यम से हमारे भीतर का अंधकार तिरोहित हो जाता है एवम् वहाँ प्रकाश की छटा प्रस्फुटित होती है। अन्तरसम्बन्ध स्थापित करने में संयम, स्वाध्याय एवम् ईश्वर के प्रति समर्पित होने का बड़ा महत्त्व है।

अविद्यास्मितारागद्वेषाभिनिवेशाः क्लेशाः ॥ 3 ॥

अविद्या, अस्मिता, राग, द्वेष और अभिनिवेश ये पाँच प्रकार के क्लेश हैं।

अविद्या—जागरूकता का अभाव, आत्मविश्वास की कमी।

अस्मिता—अहंकार, मैं और मेरे का भाव।

राग—मोह।

द्वेष—घृणा।

अभिनिवेश—मृत्यु का भय, जीने की असीम जिजीविषा।

सहज संयमी ही धीरे-धीरे जागरूक होता चला जाता है। वह अविद्या से मुक्त होकर विवेक के साथ होश की अनुपालना करता है। विवेक व्यक्ति को सरल बनाता है। समर्पण अहंकार गिराता है। ईश्वर के प्रति श्रद्धा रखने से भक्ति एवम् करुणा का समावेश होता है। योगी का आध्यात्मिक मार्ग सुगम हो जाता है।

अविद्याक्षेत्रमुत्तरेषां प्रसुप्ततनु-विविच्छन्नोदाराणाम् ॥ 4 ॥

जागरूकता का अभाव सब प्रकार के दु:खों को पैदा करता है। फिर चाहे प्रसुप्ता अवस्था हो या प्रत्यावर्तन की।

अविद्या की अवस्था ही सब प्रकार के क्लेशों को जन्म देने वाली है। अविद्या के अभाव से ही क्लेश मुक्ति सम्भव है।

1. **प्रसुप्त**—अनेक बार क्लेश बीज रूप में विद्यमान रहते हैं, यद्यपि वे अपना कार्य नहीं करते। ऐसी अवस्था में वह प्रसुप्त हैं लेकिन समय आने पर किसी जन्म में वे प्रकट भी हो सकते हैं।

2. **तनु**—योगी सम्प्रज्ञात समाधि की अवस्था को पाकर अपने क्लेशों को क्षीण कर पाता है। ऐसी अवस्था में क्लेश दुर्बल हो जाते हैं फिर भी वे ठीक अवस्था में विद्धमान रहते हैं। फिर भी योगी पर अस्मिता, राग, द्वेष, अभिनिवेश आदि क्लेशों का प्रभाव उस प्रकार नहीं पड़ता जैसा किसी सामान्य व्यक्ति पर पड़ता है।

3. **विच्छिन्न**—विच्छिन्न का अर्थ है टूटा हुआ। पूर्व के महर्षि जो कि मनसविद् भी होते हैं, मानते हैं जब मन में राग उदित होता है द्वेष दबा रहता है। हम जिनसे मोह करते हैं उनसे घृणा भी करते हैं। इसी प्रकार जब क्रोध प्रबल रहता है तब काम दबा रहता है। ऐसी अवस्था में व्यक्ति विश्रान्ति को अनुभूत नहीं कर पाता और उदार भी नहीं हो पाता। पानी में जैसे बुलबुले उठते हैं उसी प्रकार हमारे भीतर भाँति-भाँति के क्लेश पैदा होते रहते हैं। काम, क्रोध, लोभ मद्, मोह के रूप में। यही हमारी ऊर्जा को अनेक खण्डों में विभाजित करके रखते हैं। इसलिए ऐसी अवस्था को विच्छिन्न अवस्था कहा जाता है।

4. उदार—योगी सतत् साधना का अभ्यास करते करते एवम् वैराग्य भाव रखते-रखते दग्धबीजावस्था को पा लेता है। जब योगी के हृदय में आत्मज्ञान का उदय होता है तब उंस आत्मज्ञान के प्रकाश से उसके सारे क्लेश भुने हुए बीज के समान हो जाते हैं। जिस प्रकार भुने हुए बीज को वापस खेत में नहीं उगाया जा सकता उसी प्रकार योगी भी किसी प्रकार के क्लेश कलह में फिर से नहीं उलझता। ऐसे योगी जीवनमुक्त हैं।

अनित्याशुचिदु:खानात्मसु नित्यशुचिसुखात्मख्यातिरविद्या ॥ 5 ॥

अनित्य को नित्य, अशुचि को शुचि, दुख को सुख, अनात्म में आत्मा को जानना ही अविद्या है।

औध्यात्मिक अज्ञान ही अविद्या है। यह संसार अनित्य है लेकिन हम इसे नित्य मान कर चलते हैं। इन्सान गहरे भुलावे में जीता है। गहरे सम्मोहन में जीता है वह सदैव आज में नहीं आने वाले कल में सुख खोजता है और वह कल आता ही नहीं। जगत को नित्य मानने वाले ही अक्सर जगत की माया से ठगे जाते हैं। जगत नदी का प्रवाह है हमें जो नदी दिखाई देती है उसका पानी बहता रहता है। ठीक उसी प्रकार हमें जो संसार दिखाई देता है वह भी परिवर्तनशील है। जवानी चार दिन की है, लक्ष्मी चंचला है, पुत्र-पुत्रियाँ हमारे ही समान रूप बदलने वाले हैं। पुत्रियों को जीवनकाल में भी पराया धन माना जाता है। बड़े-बड़े राजाओं महाराजाओं के राजमहल भी बनने से पूर्व सूने हो जाते हैं। धन की उपयोगिता है मगर इस लोक में। परलोक में कोई उसे साथ नहीं ले जा सकता। अनित्य है जगत, क्षण-भंगुर है, अनित्य को नित्य मान लेना ही मिथ्या है अविद्या है।

काम, क्रोध, लोभ, मद्, मोह के अहंकार में चूर रहना, कुर्सी को ही सब कुछ मानकर चलना अनेक प्रकार के भेदों में अपने जीवन को बाँट कर चलना, धर्म युद्धों में मानवता का ह्रास करंना, अज्ञान को ज्ञान मानना, अशुद्ध को शुद्ध मानना सब अविद्या है।

व्यक्ति अत्यान्तिक इकाई है उसका शरीर व्याधियों का घर है। जीवन संघर्षमय है यहाँ प्रिय अप्रिय घटनाक्रम चलता रहता है। मान-अपमान, अप्रिय संयोग, धन जन हानि, प्रिय जन मृत्यु संयोग, बाल्यावस्था, जवानी, बुढ़ापा, बीमारियाँ, मृत्यु यह सब प्रतिपल घटने वाली घटनाओं का क्रम है।

वासनाओं को प्रेम समझना, वासनाओं की पीड़ा, ऐसे दुःखों को ही सुख मानकर चलना ऐसे अनेक विरोधाभास भी हैं।

हम आत्मा की बातें करते हैं मगर जीते ऐसे हैं मानो आत्मा से हमारा कोई सम्बन्ध ही नहीं है। धन, ऐश्वर्य, पद, प्रतिष्ठा, धन कमाने की अंधी दौड़ के सहभागी हैं। हम कहाँ दौड़ रहे हैं, क्यों दौड़ रहे हैं, यह हमको नहीं पता। न हम अपने दिव्य रूप को, चेतन स्वरूप को समझ पाते, उतना समय उतनी फुर्सत हम अपने जीवन में कभी निकाल ही नहीं पाते। जो फुर्सत तत्काल हमें स्वर्गिक शान्ति दे सकती है, क्योंकि अविद्यारूपी सर्प ने हमें डस रखा है, जब शरीर में किसी भी प्रकार का जहर चढ़ा हो तो विश्रान्ति को हम कैसे पा सकते हैं। भूख-प्यास शरीर को लगती है, भाव-अभाव शरीर में प्रकट होते हैं, रोग शरीर को होता है जन्म-मृत्यु शरीर में घटित होती है पर हम शरीर को सब कुछ मान लेते हैं। परम् चेतन को बिल्कुल भूले रहते हैं। मृत्यु हमारी नहीं शरीर की है मगर उसे भी हम स्वयं का मान कर चलते हैं। यह सब अविद्या नहीं तो और क्या है?

दृग्दर्शनशक्त्योरेकात्मतेवास्मिता ॥ 6 ॥

जो हमारे भीतर बैठा सब कुछ जानने वाला है, देखने वाला है, वही परम् तत्त्व चेतन स्वरूप दृष्टा है। जो दृश्यों को चेतन स्वरूप के सामने प्रकट करती है वह हमारी बुद्धि है। रूप, रंग, स्पर्श, गंध, स्वाद चेतन के ऐसे उपहार हैं जिनके माध्यम से व्यक्ति का अहंकार फलित होता है। उदाहरण के तौर पर जैसे हम अपने विचारों को देख रहे हैं दृष्टा भाव से, फिर किसी विचार के सहभागी हो गये, एक क्षण के सौवें हिस्से से पूर्व दृष्टा चला गया और उसके स्थान पर अहंकार आ गया। अहंकार के आते ही हम भी दृष्टा से भोक्ता बन गये। यह सब इतना जल्दी घटित होता है हमें पता भी नहीं चलता। इस प्रकार लगभग हम अविद्या के शिकार ही बने रहते हैं। अहंकार निरन्तर दुःखों को सुख मानकर जीता चलता है। अहंकार द्वारा उदित होने वाली इन वृत्तियों को बुद्धि वृत्ति कहा जाता है। इन्सान सुख एवम् दुःख की वृत्तियों में अपना जीवन गुजार देता है। योगी सुख एवम् दुख की स्थिति से ऊपर उठ जाता है। योगी अस्मिता के जाल से, बन्धन से बाहर आ जाता है। योगी सत्य का पिपासु होने के नाते सतत् अभ्यास एवम् वैराग्य रूपी पंखों से कैवल्य की प्राप्ति कर पाता है।

योगी संसार को अनित्य मान कर चलता है। वह संसार में रहता है तो इस भाव से जैसे सारा संसार उसका घर है पर जब वह संसार को छोड़ता है तो ऐसे जैसे उसका कुछ भी नहीं। जैसे 'ज्यों कि त्यों धर दीनी चादरिया रे... ज्यों कि त्यों धर दीनि.... चदरियाँ' योगी तदात्मय स्थापित करना एवम् उसे विस्थापित करना भली प्रकार जानता है।

सुखानुशयी रागः ॥ 7 ॥

सुख के अनुभव के पीछे आने वाला क्लेश राग है।

इन्सान संसार में आकर अनेक प्रकार के भोगों को भोगना चाहता है मगर उन भोगों के साथ आने वाले दुखों को नहीं देख पाता। जीवन में आकर्षण है, आसक्ति भी है। ये आकर्षण हमें सुख भी पहुँचाता है और दुःख भी। योग हमें सुख और दुःख दोनों अवस्थाओं से मुक्त करता है। हमारी अपेक्षाएँ ही हमारे दुःख का कारण है।

दुःखानुशयी द्वेषः ॥ 8 ॥

द्वेष उपजता है किसी उस चीज से जो दुःख देती है।

सुख दुख के मध्य इन्सान जीवन यापन करता है और मानव मन में राग-द्वेष पनपते रहते हैं। सुख-दुख एक सिक्के के दो पहलू हैं ठीक उसी प्रकार गृहस्थ - सन्यस्त भी एक सिक्के के दो पहलू हैं। ये सब एक दूसरे के पूरक हैं। फर्क नहीं पड़ता गृहस्थ होने या सन्यस्त होने से। महत्त्वपूर्ण है अविद्या का अभाव। सिर्फ होशपूर्वक जीने का महत्त्व है। होशवान व्यक्ति जान पाता है द्वेष के उपजने के कारणों को, द्वेष से उपजने वाले दुखों को। होशवान योगी द्वेष को तिरोहित कर देता है, वह राग-द्वेष में जीता ही नहीं। सुख-दुख के फेर में पड़ता ही नहीं, योगी का जीवन ही इन स्थितियों से ऊपर उठ चुका होता है।

स्वरसवाही विदुषोऽपि तथारुढोऽभिनिवेशः ॥ 9 ॥

जीवन से गुजरते समय मृत्यु का भय बना रहता है, विद्वानों में भी जीवन के प्रति लगाव होता है यही अभिनिवेश है।

सब जानते हैं आत्मा अमर है। मृत्यु तो सिर्फ पुराने वस्त्रों को उतारने के समान है। पुराने वस्त्रों के त्याग के बाद ही नये वस्त्रों को धारण किया

जा सकता है। पूर्व का तो पुर्नजन्म में बड़ा गहरा विश्वास है। हमारी अनेक बार मृत्यु हो चुकी है फिर भी मृत्यु के प्रति आमजन में तो क्या विद्वानों में भी भय बना रहता है। सत्य को प्रकट करने का सर्वोत्कृष्ट साधन जीवन है। जीवन मिला ही स्वयं के स्वरूप को जानने के लिये है और मानवमात्र के प्रति अस्तित्व इतना उदार है कि जब तक व्यक्ति अपने स्वरूप को ठीक प्रकार से नहीं जान पाता उसका पुनर्जन्म होता रहता है। उसे बार-बार अपने प्रारब्धों एवम् संस्कारों के अनुरूप नये वस्त्र मिलते रहते हैं।

महर्षि पतंजलि बड़ी सुन्दर बात इस सूत्र के माध्यम से कहते हैं कि अरे विद्वान होने से क्या होता है?यदि अध्ययनशील प्रवृत्ति है तो एक न एक दिन आप शास्त्रों के ज्ञाता हो ही जायेंगे। मगर विद्वान होने से कोई साधक थोड़े ही हो जाता है। योगी थोड़े ही हो जाता है। मृत्यु से भय तो उस साधक का दूर हो सकता है जिसने स्वयं की शाश्वतता को जान लिया है। विद्वान् ने तो सिर्फ उसे रटा है उसे अनुभूत नहीं किया इसलिए वह आत्मा की अमरता की बात को एक तरफ दोहरा भीं रहा है वहीं दूसरी तरफ वह भीतर ही भीतर मृत्यु से भयभीत भी है। मगर योगी ने तो साधना से जाना है उस शाश्वतता को, इसलिये मृत्यु उसके लिये संयोग की घड़ी है, वियोग की नहीं। योगी सदैव मृत्यु का वरण करने को भी उत्सुक रहता है। समय आने पर वह कभी मृत्यु से भयभीत नहीं होता। अस्तित्व की उदारशीलता में उसका पूर्ण विश्वास है। जड़ व चेतन के अन्तर को योगी भली-भाँति समझता है।

ते प्रतिप्रसवहेयाः सूक्ष्माः॥ 10 ॥

सूक्ष्म क्लेशों के मूल कारण को विसर्जित किया जा सकता है।

प्रसव कहते हैं पैदा होने की क्रिया को, प्रतिप्रसव ठीक उससे विपरीत शब्द है। जो कि प्रत्यावर्तन की प्रक्रिया का द्योतक है। जैसे बीज को खेत में बोने की बजाय आग में भून दिया जाये। मन जब विषयों से आकर्षित होता है तब क्लेश उत्पन्न होते हैं। इसके विपरीत मन विषयों से विरक्त हो जाता है तब क्लेश स्वतः ही तिरोहित हो जाते हैं। यहाँ हेय का अर्थ है त्यागने योग्य। सतत् साधना अभ्यास एवम् वैराग्य से असंप्रज्ञात समाधि फलित होती है। ऐसी अवस्था में क्लेशों के सूक्ष्म स्वरूप स्वतः ही नष्ट हो

जाते हैं। सतत् साधना के माध्यम से सूक्ष्म क्लेशों के मूल कारणों को विसर्जित किया जा सकता है।

ध्यानहेयास्तद्वृत्तयः ॥ 11 ॥

ध्यान से दुखों की वृत्तियाँ नष्ट हो जाती हैं।

महर्षि पतंजलि सदैव सतत् अभ्यास पर जोर देते हैं। कहते हैं, ध्यान ही है जो दुखों के मूल कारण को नष्ट करने की क्षमता रखता है, जो सब प्रकार के अज्ञान से योगी को बाहर ला सकता है। सब प्रकार के क्लेश सिर्फ ध्यान से मिट सकते हैं। हमारी हजार तरह की बीमारियों का एक ही इलाज है ध्यान– ध्यान..... ध्यान.....। ध्यान के माध्यम से ही सब प्रकार की समाधियाँ फलित होती हैं। ध्यान के माध्यम से हम अपने अन्तिम ध्येय को पा सकते हैं। योगी अत्यान्तिक आधार है चेतन का..... अस्तित्व से ओत-प्रोत!

क्लेशमूलः कर्माशयो दृष्टादृष्टजन्मवेदनीयः ॥ 12 ॥

कर्मवासनाओं के समुच्चय की जड़ क्लेश है।

जो आज और आगे जन्मों में भोगे जाने योग्य है। कर्माशय का अर्थ है कर्मों का समुच्चय, यह कर्मों का खजाना हम सब के पास है और हम बेहतर जानते हैं कि हमारे पास जो कर्मों का खजाना है वह पाप कर्मों का है या पुण्य कर्मों का। महर्षि पतंजलि कहते हैं कि यह कर्म उत्पन्न ही क्लेशों के कारण होते हैं। यदि क्लेश न हों तो कर्म-बन्धन में बँधने की सम्भावना भी क्षीण हो जाती है। क्लेश ही तो अविद्या, अस्मिता, राग, द्वेष, तथा अभिनिवेश हैं। जिनके पीछे हम जन्म-जन्मान्तरों से भागते आये हैं। इन्हीं के माध्यम से हम अपने जीवन में सुख पाना चाहते हैं पर कर्मों के पीछे जो दुख, पीड़ा सन्ताप की श्रृंखला है उसे नहीं देख पाते। हम यह भूल जाते हैं कि हमारी खोज सुख की नहीं सत्य की है, शाश्वतता की है। वह जो हमारा वास्तविक खजाना है और हम उसे ही भूलकर न जाने कहाँ कहाँ क्षुद्रताओं के पीछे भटक रहे हैं। जो आज दिखाई दे रहा है वह आज का दृश्य जीवन है जो भविष्य में दिखाई देगा वह आने वाले कल का अदृश्य जीवन होगा। मगर इन जन्मों के बीज हमारे कर्मों में विद्यमान हैं और हमारे भविष्य के जन्मों की आधारशिला हमारे आज के कर्म हैं।

जैसे शरीर को शुद्ध रखने के लिये हम किसी जलाशय (स्विमिंग पूल) में रोज स्नान करें ठीक उसी प्रकार हम अपने कर्माशय में भी रोज न जाने कितनी बार डुबकियाँ लगाते हैं। यह भूलकर कि जिन कर्मों में हम डुबकियाँ लगा रहे हैं वह हमारे पाप कर्म हैं कि पुण्य कर्म। हमारे कर्मगत अनुभवों की जड़ें तो क्लेशों के मध्य छुपी हैं। कर्म के सिद्धान्त के अनुसार जो कुछ हमने बोया है वही हमें मिलेगा। यदि हमने बबूल का पेड़ ब़ोया है तो हम उन पेड़ों से फल के रूप में आम पा जाने की कल्पना नहीं कर सकते।

मगर इन्सान ऐसी गल्तियाँ भी करता है वह स्वयं को ठीक एवम् दूसरों को गलत मानकर चलता है। दूसरों की आलोचना-प्रत्यालोचना, निन्दा स्तुति में उसे बड़ा आनन्द मिलता है। यहाँ तक कि लोग अपने सद्‌गुरुओं के सभी अशीषें को भूलकर उनमें भी बुराइयाँ खोजने का प्रयत्न करते हैं और अपने अध्यापकों, शिक्षकों, सद्‌गुरुओं से भी राग-द्वेष के रिश्ते रखकर अपना आध्यात्मिक मार्ग भी कंटकाकीर्ण कर लेते हैं क्योंकि हम कार्य कारण के सम्बन्ध को ठीक प्रकार नहीं समझ पाते। कार्यकारण एवम् कर्म के बन्धनों को जो संसारी दृष्टि से समझते हैं वे राग-द्वेष में बारम्बार उलझते रहते हैं। इन्हीं को जो आध्यात्मिक दृष्टि से देखते हैं वे कर्म के बन्धनों से मुक्त हो जाते हैं। कर्माशय में ही तो जन्म-जन्मान्तरों के बीज विद्यमान हैं। भूत-वर्तमान-भविष्य के आज जो जन्म अदृश्य हैं कर्मों के अनुरूप उन्हें भी पहचाना जा सकता है। तिब्बत में तो लामा स्वयं की मृत्यु से पूर्व बतलाकर जाते हैं अपने अगले जन्म के बारे में। और जिन्हें बतलाकर जाते हैं वे उसे खोज भी लेते हैं, बड़ी सहजता के साथ। यह कोई मुश्किल विधि नहीं है।

इस जीवन में भी कोई हमें बहुत अपना-सा क्यों लगता है। पृथ्वी पर तो अरबों मानव हैं उनमें से थोड़े से मानव ही हमें अपने क्यों लगते हैं। कभी-कभी हमारे सारे रिश्तेदारों की भीड़ हमें बेमानी-सी क्यों जान पड़ती है और कोई अजनबी हमें इतना अपना क्यों लगता है मानो उससे हमारा कोई जन्म-जन्मान्तरों का रिश्ता हो। यह सब भी तो हमारे जन्म-जन्मान्तरों के संस्कारों पर निर्भर करता है। हम उन पूर्व के रिश्तों को न समझ पाये यह अलग बात है। आज जो हमारे सामने है हम उन्हें भी ठीक-ठीक समझ लें तो भूत एवम् भविष्य के रिश्ते स्वतः ही समझ में आ सकते हैं। पर हम कभी अपने इर्द-गिर्द आँख खोलकर देखते भी नहीं। जाने-अनजाने हमें

अस्तित्व ने जो उपहार दिये हैं न जाने क्यों उन पर हमारी आँख जाती ही नहीं। चैतन्य के लाख-लाख शुक्रानै। महर्षि पतंजलि कहते हैं जो योग मार्ग के साधक अपने दुखों, पीड़ाओं, सन्तापों से मुक्त होना चाहते हैं वे सोचें कि वे पीड़ा क्यों भुगत रहे हैं। इसे समझें और अपने दुखदायी कर्मों के कारणों को देख भर लें। अपने क्लेशों को देख कर ही उन्हें तिरोहित किया जा सकता है। जब तक हम उन्हें नहीं देख पायेंगे उनसे छुटकारा नहीं पा सकते। महर्षि पतंजलि कहते हैं हम दूसरों को धोखा देते देते स्वयं को धोखा देने में इतने निष्णात् हो गये हैं कि द्वार पर खड़ा सत्य भी हमें दिखाई नहीं देता। सत्य को भी हम अपने क्लेश का कोई जामा पहनाने को आतुर हैं। अरे! यह तो समझो कर्माशय का फल क्या है?

सति मूले तद्विपाको जात्यायुर्भोगाः ॥ 13 ॥

महर्षि पतंजलि कहते हैं जब तक (क्लेशों की) जड़ें बनी रहती हैं तब तक पुनर्जन्म एवम् सुख-दुख का योग होता रहता है।

यह जड़ें पांच क्लेशों में हैं। ये क्लेश जब तक विद्यमान रहते हैं, तब तक उनके द्वारा उत्पन्न पाप और पुण्य कर्मों का आशय बना रहता है। जीवन के रहते जीवन में समाधि फलित होनी चाहिए यह निर्भर करता है हमारे पुण्य कर्मों पर। परन्तु हम अपने पाप कर्मों के कारण अपने जीवन को गँवा देते हैं। हमारे जन्म-जन्मान्तरों के कर्म समाधि को फलित नहीं होने देते, हमारे आध्यात्मिक मार्ग में बाधा बनकर खड़े हो जाते हैं। यही कारण है मानव के कलहयुक्त जीवन का, क्लेशों के कारण ही मानव अपनी जिन्दगी को घसीटता रहता है। सुख-दुख के थपेड़ों का नाम जीवन नहीं है। यह तो अविद्याओं में भटकने का परिणाम है। सत्संग के माध्यम से हम अपने जीवन को रूपान्तरित कर सकते हैं जैसे बुद्ध ने किया। वे लगभग चालीस वर्ष की अवस्था में बुद्धत्व को उपलब्ध हुए। फिर चालीस वर्ष तक निरन्तर सत्संग, प्रवचन करते रहे, मानवता को दुख-पीड़ा सन्ताप से बाहर लाने का प्रयास करते रहे। उन्होंने न केवल अपने जीवन का सदुपयोग किया वरन् अपने कर्मों को भी सत्कर्मों में रूपान्तरित किया। योगी को सतत् सत्संग, ध्यान के अभ्यास, वैराग्य भाव के माध्यम से समाधि फलित होती है। समाधि फलित होने के तत्पश्चात् उसे बड़े आनन्द भाव से स्वयं को भगवान बुद्ध के समान सत्कर्मों में लगाना चाहिए। योगी के द्वारा किये जाने

वाले कार्यों में सत्संग श्रेष्ठ कर्म है यह उसका अपना आनन्द है। सत्संग का फल सदैव मीठा होता है।

ते ह्लादपरितापफलाः पुण्यापुण्यहेतुत्वात् ॥ 14 ॥

पुण्य लाता है सुख, अपुण्य लाता है दुख।

जो योगी पुण्य कर्म करता है उसके आसपास सदैव सुखों की, आनन्द की वर्षा होती है। देव उस पर सुगंधित पुष्पों की वर्षा करते रहते हैं। योगी का जीवन के प्रति एक सुखद दृष्टिकोण होता है। उसके पास प्रीतिकर सम्भावनाएँ होती हैं। वह परम् चेतन अनुभूतियों से भरा-भरा रहता है। जहाँ पुण्य कर्मों से आन्तरिक विश्रान्ति, आन्तरिक समृद्धि आती है वहीं पाप कर्मों से दुख-पीड़ा सन्ताप चले आते हैं। पापी सदैव हिंसात्मक कार्य करता है। दूसरों को नुकसान पहुँचाने वाले कार्यों में संलग्न रहता है। पर पीड़ा देकर स्वयं को आनन्दित महसूस करता है। एक फक्कड़ हरफनमौला भी सम्राट की तरह रह सकता है। यदि किसी ने पुण्य कर्म किये हैं तो हर प्रकार का सुख उसके पीछे-पीछे चलता है। यदि पाप कर्म किये हैं तो उन कर्मों के पीछे दुखों की, सन्तापों की पीड़ादायक स्थितियों की श्रृंखला भी चली आती है। महर्षि पतंजलि के अनुसार यह सब स्वाभाविक है।

परिणामतापसंस्कारादुःखैर्गुणवृत्तिविरोधाच्च दुःखमेव सर्वंविवेकिनः ॥ 15 ॥

परिणाम, ताप और संस्कार जनित दुख और तीनों गुणों में परस्पपर विरोध होने से विवेकियों की दृष्टि में सब दुखस्वरूप है।

विवेकपूर्ण व्यक्ति जानता है कि परिवर्तन के कारण, चिंता के कारण और पिछले क्लेशों के अनुभवों के कारण अनेक प्रकार की विपरीत परिस्थितियाँ दुख ले आती हैं।

1. परिणाम–शरीर के अभावों को पूरा करने के लिए इन्सान भाँति भाँति के भोगों को भोगना चाहता है इन भोगों के परिणामस्वरूप अनेक प्रकार के दुखों को भी हम भोगते हैं। इसी प्रकार के दुखों को परिणाम दुख कहा जाता है। जिस व्यक्ति को जीवन में प्रेम नहीं मिलता वह जीभ के स्वाद को ही अपना प्रेम समझ बैठता है और भांति-भांति के भोज्य पदार्थों

से अपने अभावों की पूर्ति का प्रयास करता है और जीभ के स्वाद में पड़कर अपना स्वास्थ्य खराब कर लेता है। जब व्यक्ति के भीतर वासना के भाव उठते हैं तब व्यक्ति उनकी पूर्ति करने हेतु स्त्री एवम् पुरुषों को बाजार में वस्तु की तरह खरीद लेते हैं जब कोई किसी जीवित व्यक्ति को भी वस्तु के समान खरीदता है वहाँ मानवीय संवेदनाएँ पूर्णतया खो जाती हैं। ऐसे व्यक्ति भोग-वासना के चक्कर में एड्स जैसी भयावह बीमारियों के शिकार हो जाते हैं। यही कारण है कि पूर्व में शारीरिक सम्बन्धों को सीमित किया गया ताकि उससे जुड़ी हजार तरह की बीमारियों से मानवता को बचाया जा सके। 'त्क्तेन भुजिथा'- पूर्व में भोगने की परिकल्पना के साथ भी त्याग जुड़ा है। जीने की जिजिविषा से ही हमारे मध्य मृत्यु का भय पनपता है। महर्षि पतंजलि ऐसे भाव को मृत्यु का भय बतलाते हैं। इस संसार में अधिक भोगने के चक्कर में ही हम मानवीय गुणों को लांघ जाते हैं। सिर्फ समाधि फलित होने से ही हमारे हजार तरह के अभावों की आपूर्ति होती है। योगी के हृदय में असीम शान्ति का अनुभव होता है। स्थित प्रज्ञ योगी को भाव-अभाव नहीं पकड़ते, वह परिणाम दुखों से मुक्त रहता है।

2. ताप दुख—संसार के भोग क्षणभंगुर हैं यह सब जानते हैं फिर भी भोगने का मोह इन्सान छोड़ नहीं पाते। कहते हैं चार दिन की चाँदनी फिर अँधेरी रात। इस परिवर्तनशील जगत में जवानी ज्यादा दिन टिकती नहीं कब बुढ़ापा द्वार खटखटाने लगता है, इन्सान जान भी नहीं पाता। बुढ़ापे में भी व्यक्ति का मन स्वाभाविक रूप से जवानी के सपने देखता है। शरीर के साथ न देने की स्थिति में भी वासनाएँ बुद्धि-विलास का साधन बनी रहती हैं। भोगी का मन बुढ़ापे में भी वासनाओं के ताप से तपता रहता है, जबकि योगी भरी जवानी में भी मुक्तावस्था पा लेता है। बुजुर्ग होने पर इन्सान को ऐसा भी लगता है कि सारी दुनियाँ तो भोगों का आनन्द ले रही है। आज भोगों को भोगने की जो सुविधाएँ उपलब्ध हैं वह हमारे जमाने में नहीं थी। महर्षि पतंजलि कहते हैं इस प्रकार भोगों में लिप्त रहने वाला भोगी जहाँ अनेक प्रकार के तापों से पीड़ित होता रहता है, जलता रहता है ऐसे भोगी को भला शान्ति कहाँ है।

3. संस्कार दुख—हम अपनी अच्छी एवम् बुरी आदतों के गुलाम बनकर रह जाते हैं और ये आदतें जन्म-जन्मातर तक हमारा पीछा करती हैं।

मानव जीवन को जीते समय उसे अनेक प्रकार के संयोग एवम् वियोग की स्थितियों का सामना करना पड़ता है और प्रत्येक मानव इन परिस्थितियों से प्रभावित होता है। इन परिस्थितियों को झेलते समय मान-सम्मान, हानि-लाभ, अमीरी-गरीबी, बीमारी एवम् स्वास्थ्य सुख-दुख की अनेक परिस्थितियाँ बनती बिगड़ती रहती हैं। इन सब अच्छे बुरे घटनाक्रम का मानव जीवन पर बड़ा प्रभाव पड़ता है। इन्हें ही महर्षि पतंजलि संस्कार जनित गुण-दोष मानते हैं। ये संस्कार जनित दुख प्राणी मात्र को जन्म-जन्मांतर तक भटकाते रहते हैं।

4. **गुणवृत्तिविरोध दुख**—जगत का आधार त्रिगुणमयी सत्ता है ये तीनों गुण प्रत्येक व्यक्ति में भी विद्यमान रहते हैं। सत, रज एवम् तम गुण की अपनी वृत्तियाँ हैं। जिनसे इन्सान जीवन पर्यन्त प्रभावित रहता है। सदैव शान्त, सौम्य रहने वाले योगी में सत् वृत्ति की प्रधानता होती है। ऐसा व्यक्ति सकारात्मक सोच का होता है। करुणा, प्रेम, प्यार, वात्सल्य, सेवा, आत्मीयता, शान्त मनोदशा, अकम्पं चित्त योगी के स्वाभाविक गुण हैं। शान्त मनोवृत्ति का योगी इन गुणों से ओतप्रोत होता है। जबकि रजोगुण एवम् तमोगुण शोक, चिन्ता, उद्वेग, उत्तेजना पैदा करके मन में अशान्ति पैदा कर देते हैं। इस त्रिगुणात्मक वृत्ति को विवेकवान जागरूक योगी भली-भाँति जानता है कि संसार में हर चीज दुख की ओर ले जाती है। इन दुखों को जड़ मूल से नष्ट करना ही मानवमात्र का उद्देश्य है। महर्षि पतंजलि दुख की प्रत्येक अवस्था को त्यागने योग्य बतलाते हैं क्योंकि सब प्रकार के दुख बन्धनों का प्रतीक हैं और मुक्ति के मार्ग में बाधक हैं।

हेयं दुःखमनागतम् ॥ 16 ॥

भविष्य के दुखों को विनष्ट करना है।

जिन दुख सन्तापों को हमने भोग लिया उनके बाबत तो कुछ नहीं किया जा सकता मगर भविष्य के प्रति हम सावचेत हो सकते हैं। सावचेत होकर हम उन दुखों को विनष्ट कर सकते हैं जो अभी नहीं आये हैं। जिस प्रकार आँख में गिरा रेत का एक कण काफी तकलीफ देह होता है। हाथ-पाँवों की तकलीफ भी उतना दुख नहीं देती जितनी आँख की तकलीफ। ठीक उसी प्रकार संवेदनशील योगी उन परिस्थितियों को भाँप लेता है जो उसके दुखों का कारण बन सकती

हैं क्योंकि योगी पुरुष ही संसार के दुखों के प्रति भी संवेदनशील होता है और वह उन कारणों के निराकरण के बारे में समय रहते सोचता है।

जहाँ सजग योगी पुरुष चेतन को आत्मसात् करने वाला है वहीं तमस के प्रभाव वाला इन्सान उस बकरे के समान है जिसे किसी भी क्षण कसाई मार सकता है। कसाई जहाँ अपने एक बकरे को काट कर उसका मांस बेचता है वहीं अपने दूसरे बकरों को चारा डालता है। वे बकरे निश्चिंत होकर चारा खाते हैं मगर उन्हें नहीं पता कि कल उनके कटने की भी बारी है। आज यही स्थिति आर्यावर्त की है। कितना विशाल भारत था लेकिन जाति, धर्म मजहब के नाम पर वही भारत 1947 में टुकड़ों में विभाजित हो गया। भारत के आस-पास के सभी देश जहाँ जाति धर्म के नाम पर विभाजित हो गये वहीं भारत में आज भी सभी को धार्मिक स्वतन्त्रता है मगर कट्टरपंथी लोग आतंकवाद का सहारा लेकर कल फिर शेष भारत को धर्म और मजहब के नाम पर बाँटने को तैयार हैं। यदि हम अब भी नहीं चेते तो हजारों वर्षों की गुलामी झेलने के बाद भी जो थोड़ी सी हमें आजादी मिली है हम अपनी मूर्खताओं से उसे भी फिर से खो देंगे। संसार का आध्यात्मिक गुरु भी यदि अपने आत्मसम्मान की रक्षा न कर सकेगा तो हमारे तीर्थंकरों की, अवतारों की श्रृंखला ही खो जायेगी। अतः विवेकवान योगी को ऐसे प्रयास करने चाहिये जिससे भविष्य में दुख नहीं आये। वैसे पृथ्वी का आध्यामिक स्थल तिब्बत जो भारत की भी साधना स्थली थी आज हमारी मूर्खताओं के परिणाम स्वरूप चीन के कब्ज़े में है और आज हमें शिव के निवास स्थान कैलाश मानसरोवर की यात्रा भारी भरकम शुल्क अदा कर जाना पड़ता है और इसकी अनुमति चीन से लेनी पड़ती है।

द्रष्टृदृश्ययोः संयोगो हेयहेतुः ॥ 17 ॥

दृष्टा और दृश्य का संयोग दुख का कारण है।

योगी साक्षी है स्वयं की गतिविधियों का। जो कुछ हम देख पाते हैं अपने भीतर वह तो मात्र आदतें हैं। देखने वाला उन सब से भिन्न है। इसलिये वह उन दुखों-सुखों की अनुभूति से भी परे है। दृष्टा और दृश्य के बीच का जो सम्बन्ध है जो कि दुखों को निर्मित करने वाला है योगी उसे न केवल देख पाता है वरन् उन परिस्थितियों से मुक्त होकर जीवन यापन करने की

क्षमता भी अर्जित कर लेता है। योगी दृष्टा और दृश्य के भेद को जान लेता है। दृष्टा दृश्य का सहभागी नहीं वरन् उसे जानने वाला है।

प्रकाशक्रियास्थितिशीलं भूतेन्द्रियात्मकं भोगापवर्गार्थं दृश्यम् ॥ 18 ॥

दृश्य प्राकृतिक तत्त्वों एवम् इन्द्रियों से संघटित है। उसका स्वभाव है प्रकाश, थिरता, क्रिया। दृष्टा को भोग मोक्ष फलित होता है।

सत्त्व गुण थिरता और प्रकाश देने वाला है वहीं रजस क्रिया प्रदान करता है और तमस अक्रिया में ले जाता है। इन तीनों गुणों की प्रधानता के कारण ही संसार का अस्तित्व है। इस प्रकार प्रकाश, क्रिया एवम् स्थिति के अनुरूप इन तीनों गुणों की चार अवस्थाएँ बनती हैं :- निश्चित, अनिश्चित, सांकेतिक और अव्यक्त। निश्चित-जैसे पंचभूत तत्व पृथ्वी, जल, वायु, अग्नि, आकाश। अनिश्चित जैसे–चित्त मगर यह अनिश्चित अवस्था अनुभूति के लिये विशेष अवस्था है और यह जगत अनुकृति का जगत है फिर चाहे भोग हो या मोक्ष। चित्त की दशा अनिश्चित है विस्मय यह है कि वह अनिश्चित दशा भी अपनी समझ रखती है और कभी न कभी चेतना (आत्मा) के होने का संकेत पा जाती है।

यद्यपि इन संकेतों के परिणाम नहीं दिये जा सकते। यह सब व्यक्ति के विश्वास पर, सोच पर निर्भर करता है फिर भी अव्यक्त को व्यक्त करने के अपने ढंग हैं। सद्‌गुरु अनेक प्रकार के अव्यक्त को भी अपने शिष्यों के सम्मुख प्रकट कर सकता है तभी तो पूर्व में जीवन्त सद्‌गुरु का बड़ा महत्त्व है। इस प्रकार पदार्थ, चित्त, आत्मा, अनात्मा ये चार अवस्थाएँ हैं त्रिगुणमयी सत्ता की। चित्त स्वन्तत्रता की पराकाष्ठा का द्योतक है। इसी लिये महर्षि पतंजलि इसे अक्लेशों का मार्ग प्रशस्त करने का साधन मानते हुए कहते हैं चित्त के माध्यम से हम सब प्रकार के दुखों से मुक्त हो सकते हैं। मोक्ष का द्वार हमारे लिये खुल सकता है। बेहोशी में वही चित्त यदि सब प्रकार के भोगों में लिप्त रहता है तो हम चित्त के पूर्णतः गुलाम बन सकते हैं। यह हमारे लिये पागलपन के द्वार भी खोल सकता है। भोगी यहाँ पागल हो जाते हैं वहीं योगी मोक्ष का मार्ग प्रशस्त कर पाते हैं। क्लेश और अक्लेश के मार्ग का आधार हमारा अपना चुनाव है। दृष्टा यद्यपि शुद्ध चेतना है फिर भी चित्त

की विकृतियों के माध्यम से वह संसार को देखा करता है। बस इतना जान लो **तुम देह के मालिक हो गुलाम नहीं।**

विशेषाविशेषलिङ्गमात्रालिङ्गानि गुणपर्वाणि ॥ 19 ॥

विशेष, अविशेष, लिंगमात्र और अलिंग चारों गुणों के भेद हैं।

विशेष—अस्तित्व के सब प्रकार के उपहार विशेष हैं। फिर चाहे वो पंच भूत तत्त्व हों, हमारा मन हो या पंचभूत तत्वों से बना हमारा शरीर हो या शरीर की असीमित क्षमताएँ हों या त्रिगुणमयी सत्ता हो यह सब विशेष है। इन्हीं क्षमताओं के माध्यम से इन्सान स्वयं को प्रकट करता है। इसलिए ये सब विशेष हैं।

अविशेष—शब्द, स्पर्श, रूप, रस, गंध ये पाँच विषय हैं, जिनकी अपनी अभिव्यक्ति है। साथ ही मानव का चित्त है जिसमें मन, अहंकार समाहित है। यह सब सूक्ष्म हैं। अतः अविशेष हैं। आम जन इन पर ध्यान नहीं दे पाता वहीं योगी अविशेष को भी जानने वाला होता है।

लिंगमात्र—लिंग प्रतीक है स्वरूप का जैसे शिवलिङ्ग के आकार को परम् सत्ता का चिन्ह माना जाता है।

अलिंग का अर्थ है चिन्ह रहित, निराकार अवस्था जो कि सत्, रज एवम् तम की त्रिगुणमयी सत्ता से ओत-प्रोत है जिसे अव्यक्त प्रकृति कहा जाता है वह अनन्त है। इस जगत को कितना भी व्यक्त कर दो फिर भी यह अव्यक्त है। इस जगत को कितना भी जान लो फिर भी बहुत कुछ अनन्त रह जायेगा। ज्ञानी कहते हैं कि कीमत उसकी नहीं जिसे हमने जान लिया वरन् उसकी है जो अव्यक्त है। जिसे जाना न जा सका जो निराकार है अनन्त है कितनी भी व्यवस्था करें मगर उसकी व्याख्या हो नहीं सकती।

द्रष्टा दृशिमात्रः शुद्धोऽपि प्रत्ययानुपश्यः ॥ 20 ॥

दृष्टा ज्ञान शुद्ध होने पर भी बुद्धिवृत्ति के अनुसार देखता है।

जो आत्मा की आवाज सुन पाये वही दृष्टा है जो उस आवाज को सुनकर भी अवहेलना कर दे या उसे सुन ही न पाये वह तो दृश्य जगत का हिस्सा है। **शुद्धतम में मिलावट की सम्भावना नहीं है।** योगी देह में रहकर भी दृष्टा भाव से जीवन यापन करता है। दृष्टा स्वयं के अहंकार से

प्रभावित नहीं होता वरन् वह अपने अहंकार को देख कर ही उसे तिरोहित कर पाता है। जबकि एक आम इन्सान बुद्धि वृत्ति से संचालित होता है। बुद्धि वृत्ति अहंकार की तुष्टि में लगी रहती है। यही कारण है बुद्धि वृत्ति में संलग्न रहने के कारण हम अनेक बार अपने दुखों के वास्तविक रूप को नहीं देख पाते हैं। दुखों से मुक्त होने का रास्ता है दृष्टा भाव से जीना, अपने भीतर साक्षी भाव को अहमियत देना। साक्षी संसार में रहते हुए भी संसार के प्रति असंगता का भाव रख पाता है जो कि योगी के लिये परम् आवश्यक गुण है। इसीलिए योगी को चौबीस घण्टे साक्षी की साधना करनी चाहिये ताकि वह अपनी समाधि की अवस्था में अवस्थित रह पाये। जीव के दुख का कारण ही यही है कि वह कब बुद्धि वृत्ति से हाथ मिला अहंकार की यात्रा पर निकल पड़ता है। उसे स्वयं को भी इस बात का भान नहीं होता और वह अपनी जीवन यात्रा में इस प्रकार भांति-भांति के चाहे अनचाहे दुखों को पाल लेता है। योगी का होश, जागृति एवम् सजगता से बड़ा नजदीक का रिश्ता है। इन्हीं के माध्यम से वह परमृहंस की अवस्था को पाता है।

तदर्थ एव दृश्यस्यात्मा ॥ 21 ॥

चेतन पुरुष के लिये ही दृष्टा का स्वरूप है।

चेतन पुरुष अपने बुद्धि, मन एवम् अहंकार की स्थितियों को देख पाता है यानि ठीक प्रकार से उन वृत्तियों का साक्षी बन पाता है। जब दृश्य एवम् दृष्टा दोनों खो जाते हैं तब साक्षी शेष रहता है। योग का साक्षी होना शिखर है। साक्षी भाव में रहना ही असली मानसरोवर की यात्रा है।

जड़ प्रकृति का अपना उपयोग है, भोग के तल पर भी और मोक्ष के तल पर भी। बुद्धि वृत्ति का सानिध्य जहाँ व्यक्ति को भोगों के तल पर ले जाता है वहीं बुद्धि वृत्ति से स्वयं को असंग रख हम मोक्ष के मार्ग पर आगे बढ़ते हैं। देह एक तल है, विदेह दूसरा तल है। योगी का जीवन देह में रहते हुए भी विदेही का होता है। जहाँ भोगी अविद्या में जीता है वहीं योगी अविद्या के अभाव में जीता है। योगी के सारे स्वप्न तिरोहित हो जाते हैं।

कृतार्थं प्रति नष्टमप्यनष्टं तदन्यसाधारणत्वात् ॥ 22 ॥

यद्यपि दृश्य उसके लिये मृत हो जाता है जिसने मुक्ति पा ली है, फिर भी बाकी दूसरों के लिये यह जीवित रहता है, क्योंकि यह सर्वनिष्ठ होता है।

इस संसार में जितने मानव हैं उतने ही कल्पना लोक हैं। प्रत्येक का अपना निजी कल्पना का संसार है। कल्पना होती ही ऐसी है वास्तविकता से भिन्न। यही तो कारण है कल्पना लोक के भिन्न होने का, वास्तविकता के धरातल से। पर मानव कल्पना लोक में कल के किसी सुख को पाने के चक्कर में वर्तमान को भुलाकर बस जिए चला जाता है। पूर्व ने तो संसार को भी स्वप्नवत कहा है मिथ्या की संज्ञा दी है मगर यह स्वप्नवत् है उन योगियों के लिए जिनके लिये दृश्य जगत कोई महत्ता नहीं रखता। जो योगी मुक्तगामी हैं, परमहंस हैं फिर भी दूसरों के लिये जो संसारी हैं। स्वप्नों के, स्वप्निल जगत के अपने मायने हैं। किसी ने सच कहा है कि आप सारी दुनिया से मित्रवत् व्यवहार करना प्रारम्भ कर दें यह ठीक है मगर यह अपेक्षा न करें कि सारा संसार भी आपसे मित्रवत् व्यवहार करेगा। ठीक उसी प्रकार समाधि की अवस्था को प्राप्त योगी का संसार को देखने का अपना ढंग है। उसी प्रकार वासनाओं की चादर ओढ़े जीने वाले का संसार को देखने का अपना ढंग है। संसारी जहाँ भ्रम एवम् द्वंद में जीता है स्वप्नों में जीता है वर्तमान व्यावहारिक जीवन से दूर रहता है वहीं योगी वर्तमान में जीवन्तता से जीता है। संसार को देखने का योगी एवम् भोगी का अपना-अपना नजरिया है। कुछ गृहस्थ एवम् सन्यस्थ ऐसे भी हैं जो जीवन को समग्रता से देखते हैं और सिर्फ साक्षी की साधना को महत्त्व देते हैं।

स्वस्वामिशक्त्योः स्वरूपोपलब्धिहेतुः संयोगः ॥ 23 ॥

द्रष्टा और दृश्य साथ-साथ होते हैं, ताकि प्रत्येक का वास्तविक स्वभाव जाना जा सके।

चेतन पुरुषों को प्रकृति के स्वामी की संज्ञा दी जा सकती है वे योग एवम् मोक्ष की प्रवृत्ति की तरफ उन्मुख हो सकते हैं, वे स्वतन्त्र हैं। अस्तित्व ने स्वयं के स्वरूप के अनुरूप स्वतन्त्र प्रसाद को भी बाँटा है। जितने भी भौतिक पदार्थ हमारे इर्द-गिर्द हैं वे जड़ प्रकृति का विस्तार ही तो है। इन्सान को इनका ज्ञान भी तो बुद्धि वृत्ति द्वारा ही होता है। बुद्धि का स्वामी भी तो चेतन पुरुष ही है जब उसकी एकात्मकता बुद्धि वृत्ति के साथ संलग्न हो जाती है तब हम आसानी से भोग वृत्तियों में उतर जाते हैं और जब हमारा ध्यान अपनी सहभागिता पर जाता है, तत्क्षण हम भोग वृत्ति से मुक्त भी हो जाते हैं। महर्षि पतंजलि हमारे जड़ सम्बन्धों का आधार अविद्या को ही

मानते हैं। मगर जब कोई साधक सद्गुरु की शरण में आता है तब तुरन्त अपने स्वरूप को पहचान पाता है, सद्गुरु की कृपा से भी सब प्रकार की अविद्याओं की निवृत्ति हो जाती है। हम अनजाने बहुत कुछ पा लेते हैं, मगर जो कुछ अनजाने में पाते हैं उसे अनजाने ही खो भी देते हैं। सूक्ष्म तत्त्व ज्ञान को सँजो कर रखना शायद हमें आता ही नहीं क्योंकि अपने वास्तविक स्वरूप को न समझना भी तो अविद्या है वह स्वरूप खोता ही तभी है जब हमने सिर्फ उस स्वरूप के बारे में पढ़ा है, उसे रटा है मगर उसे अनुभूत नहीं किया, अभी उसे जाना नहीं। सत्संग उसे श्रवण करने का माध्यम है वहीं ध्यान उस स्वरूप को साधने की प्रक्रिया है। दोनों का अपना महत्त्व है। श्रवण भी और सत्संग भी दोनों हमें परिपूर्णता देते हैं।

तस्य हेतुरविद्या ॥ 24 ॥

उस सम्बन्ध का कारण अविद्या है।

ये रिश्ते नाते, ये पारस्परिक सम्बन्ध, ये समाज की व्यवस्थाएँ, क्या स्वार्थों पर नहीं खड़े हैं?समाज में रहकर सत्य को पाना तलवार की धार पर चलने जैसा नहीं है? क्या कहता है मन.....? भाग कर भी पाया नहीं जा सकता क्योंकि स्वयं से भागने का भी तो कोई साधन नहीं है। महर्षि पतंजलि बड़ा सुन्दर उत्तर देते हैं, कहते हैं भागना कहीं नहीं बस जहाँ भी हो वहीं जागना है। जाग कौन सकता है जिसने स्वयं की अविद्या को त्याग दिया है, वह गृहस्थ हो या सन्यस्त इससे कोई फर्क नहीं पड़ता, वह मीरा, कबीर, दादू, पन्थ, रैदास, सहज्ो, दया की तरह जाग ही जायेगा।

तदभावात्संयोगाभावो हानं तददृशेः कैवल्यम् ॥ 25 ॥

अविद्या के विसर्जन द्वारा ही दृष्टा एवम् दृश्य के संयोग को विभाजित किया जा सकता है यही तो दुःखों का नाश है।

कभी-कभी हम शास्त्रों के बोझ तले भी दब जाते हैं। बुद्धि के तलछट में सब शास्त्र समाते चलते हैं। फिर भी हृदय का तलछट खाली का खाली रहता है। हम ज्ञान प्राप्त करके भी पूरी तरह अविद्या के शिकार रहते हैं और जो जान कर भी न जाने उससे बड़ी अविद्या हो नहीं सकती। पापी भी अपने पापों से मुक्त हो सकता है मगर शास्त्रों का बोझ ढोने वालों के मुक्त होने

की सम्भावना ही खत्म हो जाती है। ज्ञान प्राप्त करके भी यदि हम अविद्या का विसर्जन न कर पायें तो इस जीवन को हम व्यर्थ ही गंवा देते हैं।

विवेकख्यातिरविप्लवा हानोपायः ॥ 26 ॥

सत्य और असत्य के बीच भेद करने के सतत् अभ्यास द्वारा निश्छल ज्ञान होता है।

मानव परम् की अत्यान्तिक इकाई है, द्वय है जड़ भी चेतना भी। मगर आम इन्सान स्वयं की जड़ सत्ता को एवम् चेतन सत्ता को पृथक-पृथक देख नहीं पाता। यद्यपि शास्त्रों में अध्ययन से उसे कुछ बातें समझ में आती हैं कभी-कभी ज्ञान को खींचने के चक्कर में हम वर्तमान के सुन्दर पलों को भुला ही देते हैं। सतत् साधना के माध्यम से हमारी बुद्धि में प्रवाहित होने वाली ऊर्जा हृदय तल में प्रवाहित हो पाती है। ऐसी स्थिति में हम हृदय की आवाज भी सुन पाते हैं और मस्तिष्क की भी। विप्लव का भी अर्थ है ऊर्जा का विभिन्न दिशाओं में बहना। खण्ड खण्ड जीना, जटिल उलझे हुए रहना। विवेकख्याति का तात्पर्य है निश्छल निर्दोष स्थितप्रज्ञवान होना।

महर्षि पतंजलि कहते हैं ऐसी स्थिति में अविद्या का स्वतः ही नाश होगा। योगी के हृदय में निर्मल ज्ञान वैराग्य की गंगा प्रवाहित रहती है योगी का चित्त सब तरफ से पूर्ण विरक्त होकर भी सकारात्मक ऊर्जा से ओत-प्रोत रहता है। योगी सदैव आत्म अभिमुख रहता है।

तस्य सप्तधा प्रान्तभूमिः प्रज्ञाः ॥ 27 ॥

योगी की सात प्रकार की उच्चतम स्तरवाली प्रज्ञा होती है।

योगी का मन निरन्तर सत्संग, विवेक ज्ञान, सतत् साधना अभ्यास में रमता है वह एक एक कदम चलता है। कोई दो कदम एक साथ चल भी नहीं पाता। मंजिल चाहे हजार किमी. दूर हो यदि किसी में एक कदम चलने की क्षमता है तो वह गन्तव्य स्थल तक पहुँच ही जायेगा। फिर योगी के कदम तो बड़े सधे हुए होते हैं।

1. **परिज्ञात प्रज्ञा**—जो कुछ जानने योग्य था वह प्रज्ञा ने जान लिया। जड़ प्रकृति एवम् चेतन मानव चित्त, चित्त की चंचलता, उसके ताप,

संस्कार, गुणवृत्ति, द्वन्द एवम् दुख भरा संसार अनित्य जगत् की अनित्य स्थितियाँ, मानव मन की समस्त दुखपूर्ण स्थितियाँ।

2. **हेयशून्य प्रज्ञा**—पाँच प्रकार के क्लेश, जो कि दुःख का कारण हैं, हेय हैं यानि त्यागने योग्य हैं। उनके त्याग के पश्चात् प्रज्ञा अपने स्वरूप में प्रकट हो गयी। अब उसके त्यागने योग्य कुछ भी न बचा।

3. **प्राच्य प्राप्ति प्रज्ञा**—सतत् अभ्यास, सत्संग एवम् वैराग्य भाव द्वारा सारे क्लेशों के बन्धनों को काट दिया जिससे समाधि की अवस्था फलित हो गयी, प्रज्ञा स्थित प्रज्ञ हो गयी ऐसी उच्च अवस्था में जीना आ गया।

4. **कार्यशुद्धि प्रज्ञा**—रूपान्तरित प्रज्ञा के कार्य करने का ढंग बदल गया, दुनिया को देखने का ढंग भी बदल गया, दिव्य प्रेम के अतिरेक का झरना भीतर ही भीतर प्रवाहित हो गया। वर्तमान में रहना और जीना आ गया। अपने ही विवेक से प्रकाशित होकर आनन्द के कार्य करने का मजा ही अलग है।

5. **चित्ताधिकार प्रज्ञा**—मन के माध्यम से हम भाँति-भाँति के भोगों में संलग्न रह सकते हैं, मन के माध्यम से ही मोक्ष भी फलित होता है। मन के माध्यम से हमने अक्लेशों के मार्ग को भी जाना और मन से भी अन्ततोगत्वा मुक्ति पायी।

6. **गुणातीत प्रज्ञा**—सत्, रज, एवम् तम रूपी त्रिगुणमयी सत्ता को प्रज्ञा ने जाना और फिर प्रज्ञा गुणातीत भाव में स्थित हो गई।

7. **स्वरूपमात्र ज्योति प्रज्ञा**—अप्प दिपो भव। ज्योतिस्वरूप अर्थात् अपने ही प्रकाश से प्रकाशित। ज्ञानस्वरूप, निर्विकार, असंग, मुक्त-रूप। योगी ज्योति स्वरूप है। अपने ही प्रकाश से, प्रज्ञा से प्रकाशित है। योगी अपने आध्यात्मिक अनुभवों के साथ मुक्त अवस्था में जी रहा है। योगी सन्यस्त भी हो सकता है गृहस्थ भी। योगी देह में रहकर भी विदेही होता है।

योगाङ्गानुष्ठानादशुद्धिक्षये ज्ञानदीप्तिराविवेकख्यातेः ॥ 28 ॥

योग के विभिन्न अंगों के अभ्यास द्वारा अशुद्धि का नाश होने पर ज्ञान का प्रकाश विवेकख्याति सिद्ध होने तक हो जाता है।

विभिन्न प्रकार के योग, आसन, व्यायाम एवम् ध्यान प्रयोग का जीवन में प्रयोग करने से हमारी ऊर्जा सम्यक् दिशा में प्रवाहित होती है। हमारी विचार शुद्धि होती है। हमारा सोच सकारात्मक होता है। हमारी शरीर शुद्धि होती है, जैसे जैसे अशुद्धि का नाश होता है वैसे वैसे अन्तस की समझ, अन्तस का ज्ञान स्वतः ही पैदा हो जाता है। जब चित्त निर्मल होता है तब ज्ञान का प्रकाश स्वतः ही फलित होता है। पाँच क्लेश ही अशुद्धि हैं- अविद्या, अस्मिता, राग, द्वेष तथा अभिनिवेश। इनके अभाव से चित्त निर्मल हो जाता है।

यमनियमासनप्राणायामप्रत्याहारधारणाध्यान-
समाधयोऽष्टावङ्गानि ॥ 29 ॥

यम, नियम, आसन, प्राणायाम, प्रत्याहार, धारणा, ध्यान और समाधि योग के आठ अंग हैं।

चित्त वृत्ति के निराकरण का नाम ही योग है। योग का फल है दृष्टा का अपने स्वरूप में स्थापित हो जाना। दृष्टा के अपने स्वरूप में स्थापित होने पर योगी सब प्रकार के क्लेशों से मुक्त हो सकता है। निरन्तर सतत् अभ्यास एवम् वैराग्य से चित्त की वृत्तियों का निराकरण होता है।

यम–यम से बना है संयम। आत्म संयम का अर्थ है अपने केन्द्र में प्रतिष्ठित होना। अपनी जीवन ऊर्जा को दिशा देना।

नियम–वह जीवन जिसके सुनिश्चित नियम हैं, नियम से किया गया सतत् अभ्यास जीवन में अनुशासन पैदा करता है।

आसन–विश्रांत मुद्रा फलित होती है आसन से। कुछ समय प्रतिदिन नियमित रूप से मौन में, विश्रान्ति में बिताने से वह विश्रान्ति हमारे सम्पूर्ण जीवन पर आच्छादित हो जाती है।

प्राणायाम–यदि हम अपनी श्वांस को बदल लें तो मन बदल जाता है। यदि हम अपने मन को बदल लें तो श्वांस बदल जाती है। प्राणायाम प्रक्रिया पूर्व की सर्वाधिक महत्त्वपूर्ण खोजों में से एक है। रूपान्तरण के लिये प्राणायाम बड़े सहयोगी होते हैं। प्राणायाम अन्तर यात्रा में सहयोगी है।

प्रत्याहार–प्रत्याहार के माध्यम से हम बाहर एवम् भीतर के जगत से तादात्मय स्थापित कर सकते हैं। प्रत्याहार स्वयं को एक ही बिन्दु पर एकाग्र करने की सम्भावना है।

धारणा—धारणा के माध्यम से योगी अपने चित्त को किसी आलम्बन पर एकाग्र करते हैं जैसे कि ओम्।

ध्यान—ध्यान है विशुद्ध आत्म बोध। आत्म रमण।

समाधि—समाधि सें सब प्रकार की समस्याओं का समाधान हो जाता है। **ये योग के आठ चरण एक दूसरे से जुड़े हैं। यम शुद्धिकरण के लिये है, नियम शरीर के लिये। आसन है विश्रांति के लिये। प्राणायाम एक सेतु है मन एवम् शरीर के मध्य, प्रत्याहार एवम् धारणा है एकाग्रता के लिये। ध्यान है होश एवम् बोध की यात्रा और समाधि है मंजिल, ध्येय। सब प्रकार का समाधान।**

अहिंसासत्यास्तेयब्रह्मचर्यापरिग्रहायमाः ॥ 30 ॥

अहिंसा, सत्य, अस्तेय, ब्रह्मचर्य तथा अपरिग्रह यम है।

यम का तात्पर्य संयम से है अपने मन एवम् इन्द्रियों को पूर्ण नियन्त्रण में रखना यम है।

अहिंसा—किसी प्राणी को मन, वाणी एवम् कर्म से कष्ट न पहुँचाना अहिंसा है। अहिंसा को परम्धर्म की संज्ञा दी गई है। आलोचना प्रत्यालोचना, निन्दा स्तुति भी हिंसा ही है। किसी को दुख देने की भावना भी हिंसा है। अहिंसा सब प्रकार के सद्गुणों का आधार है। अहिंसक ही सही मायनों में दिव्य प्रेम को धारण करने की क्षमता रखता है।

सत्य—महर्षि पतंजलि के अनुसार प्रमाण को सत्य माना गया है। हर इन्सान सत्य का पिपासु है। सत्य को पाना चाहता है, आत्मसात् करना चाहता है। अपने वास्तविक स्वरूप का ज्ञान होना भी सत्य है। सत्य को जीवन में धारण करने से जीवन रूपान्तरित हो जाता है।

सत्य का अर्थ है प्रमाणिकता, झूठ में न जीना, मुखौटों में न जीना, अपने वास्तविक चेहरे को प्रकट करना, उसे छुपाना नहीं।

अस्तेय—अस्तेय का अर्थ है चोरी न करना। मन, वचन, कर्म से चोरी न करना बड़ी सूक्ष्म व महत्त्वपूर्ण बात है। किसी के धन या किसी वस्तु को अनीतिपूर्ण लेना चोरी है। किसी के अधिकार की वस्तु को छल-कपट से

अपना बनाने का प्रयास भी चोरी है। चोरी चाहे चार कंकड़ की हो या अनमोल हीरों की, चोरी तो चोरी है।

ब्रह्मचर्य–ब्रह्म परम् का प्रतीक है, चर्या का अर्थ है- आचरण। ब्रह्मचर्य का अर्थ है श्रेष्ठ आचरण। अपने मन एवम् इन्द्रियों को पूर्ण संयम में रखना ही श्रेष्ठ आचरण है। अपनी काम ऊर्जा को ठीक प्रकार से समझना भी ब्रह्मचर्य हो सकता है।

अपरिग्रह–योगी का आवश्यक गुण है- अपरिग्रह। योगी गृहस्थ हो या सन्यस्त। अपने व्यक्तिगत जीवन के लिये वस्तुओं एवम् धन का संग्रह न करना अपरिग्रह है। अपरिग्रही साधक बड़ा हल्का होता है।

जातिदेशकालसमयानवच्छिन्नाः सार्वभौमा महाव्रतम् ॥ 31 ॥

उपर्युक्त पाँच व्रत बताते हैं एक महाव्रत, जो कि फैला हुआ है जाति, स्थान, समय, और स्थिति की सीमाओं से परे, सम्बोधि की सातों अवस्थाओं तक।

बोध - बोध जाति, स्थान, समय, स्थिति की सीमाओं से परे का अनुभव है। साधक कहीं भी सम्बुद्ध हो सकता है। हजारों वर्ष पहले भी अनेक सम्बुद्ध हुए हैं, वर्तमान में भी हैं, आने वाले हजारों वर्षों बाद भी होंगे। समय की सीमाओं में बोध को बाँधा नहीं जा सकता। योगी गृहस्थ है या सन्यासी इससे कुछ फर्क नहीं पड़ता। जाति, स्थान, धर्म, सम्प्रदायों की बड़ी भिन्नताएँ हो सकती हैं। बौद्ध की घटना में इससे कोई फर्क नहीं पड़ता। बोध कहीं भी कभी भी फलित हो सकता है। महर्षि पतंजलि सत्ययुग, द्वापर, त्रेता एवम् कलयुग की बात ही नहीं करते। ऐसा मानते ही नहीं कि कलियुग में कोई सम्बुद्ध नहीं हो सकता। वे समय एवम् काल की सीमाओं में बुद्धत्व को बाँधते ही नहीं।

शौचसंतोषतपः स्वाध्यायेश्वरप्राणिधानानि नियमाः ॥ 32 ॥

शौच, संतोष, तप, स्वाध्याय, और ईश्वर की शरणागति ये पाँच नियम हैं।

शौच–यदि लम्बे समय तक रोज प्रातः की ब्रह्म वेला में स्नान करने की और स्नान के बाद मंत्रोच्चार के उच्चारण की नियमित आदत है तब हो सकता है आप चोरी न कर सकें, झूठ न बोल सकें, हिंसा न कर सकें।

आपका चित्त निर्मल हो जाये और आचार-विचार शुद्ध हो जायें। आपका जीवन अपरिग्रही का जीवन हो जाये। पूर्व में स्नान का बड़ा महत्त्व है क्योंकि स्नान का सम्बन्ध हमारे सूक्ष्म शरीर से है तभी तो स्नान के तत्पश्चात् हम अपने आपको तरोताजा अनुभूत करते हैं। हल्कापन महसूस करते हैं।

भोजन की शुद्धता–एक कहावत है जैसा अन्न वैसा मन। यदि हम शुद्ध शाकाहारी भोजन लेते हैं तो स्वयं को बड़ा हल्का अनुभूत करते हैं। एक साधारण व्यक्ति के लिये इन सब बातों का उतना महत्त्व नहीं होता मगर योगी अपनी चेतना को विकसित करने का पक्षधर है अतः योगी का जीवन होश से भरा जीवन होना चाहिये। निरन्तर मांस-मदिरा के उपयोग से शरीर बोझिल हो जाता है। शरीर में सदैव भारीपन बना रहता है वहीं दूध, फल का उपयोग, फलाहार, व्रत उपवास हमारे शरीर में हल्कापन लाते हैं। योगी को भोजन की, शरीर की, मन की शुद्धता का ख्याल रखना होता है ताकि वह मुक्त अवस्था में जी सके और क्लेशों के बन्धनों से स्वयं को मुक्त रख सके।

सन्तोष–इस दुनिया में अनमोल वस्तुओं में भी सर्वश्रेष्ठ सन्तोष धन है। कहते हैं जब आवै सन्तोष धन सब धन धूरि समान।' असंतोषी व्यक्ति के भीतर खीझ होती है। वह पाँच क्लेशों से सदैव प्रभावित रहता है। वहीं सन्तोषी व्यक्ति इन क्लेशों से अप्रभावित रहता है। पूर्व में क्या गलत है इस बात पर जोर नहीं दिया जाता वरन् क्या सही हो सकता है इस बात की शिक्षा दी जाती रही है। सन्तोष एवम् सान्त्वना में फर्क है। सान्त्वना तो मात्र परिस्थितियों से समझौता करने के लिये कहे गये शब्द हैं, वहीं सन्तोष अन्तस जगत् की सम्पदा है। वह योगी की स्थित प्रज्ञता का अनमोल धन है। संतोषी मानव (योगी) का जीवन को देखने का ढंग अलग होता है।

तप–ध्यान के माध्यम से सहज अवस्था पा लेना ही तप की सार्थकता है। सन्तोष योगी का पटल निर्मल करता है वहीं तप योगी को सब प्रकार की जटिलताओं से मुक्त करता है, सहज बनाता है। एक बच्चे के समान जो सब चीजों का आनन्द लेता है पर बँधता कहीं नहीं। सन्तोष और तप के माध्यम से योगी सब प्रकार की आकांक्षाओं से मुक्त हो जाता है, उसका जीवन आत्म निर्भर हो जाता है।

स्वाध्याय–सद्ग्रंथों के अध्ययन से हमें विराट दृष्टि मिलती है। इस दृष्टि से योगी स्वयं का अनुचिन्तन कर सकता है एवम् अपने गुण-दोषों को देख अपने अध्यात्मिक मार्ग को संचालित कर सकता है।

स्वयं के ठीक प्रकार से अनुचिन्तन के बिना समर्पण फलित नहीं होता, कभी कभी लगता है योग साधना की यात्रा में योगी अकेला काफी नहीं। यदि सद्गुरु के, परम् के आशीष भी साथ हो जायें तो यात्रा सुगम हो जाये और योगी परम् के प्रति समर्पित हो जाता है, जिससे योगी का अहंकार गिर जाता है और उसमें श्रद्धा भक्ति का समन्वय हो जाता है। इस प्रकार योगी साधक अनेक प्रकार की जटिलताओं से स्वयं को मुक्त कर निर्भार अनुभूत करता है। योगी का सृजनात्मक सोच उसे इतना हल्का कर देता है कि योगी के पंख लग जाते हैं और वह अनन्त आकाश की यात्रा पर उड़ चलता है।

वितर्कबाधने प्रतिपक्षभावनम् ॥ 33 ॥

जब मन अशान्त हो असद् विचारों से, तो मनन करना विपरीत विचारों पर।

जब मन अशान्त हो तब मनन करना, ओम् का उच्चारण करना और थोड़ी-सी देर में अशान्त मन शान्त हो जायेगा। जो ऊर्जा अशान्ति का कारण बनी थी वही ऊर्जा विश्रान्तिदायक हो गयी। ऐसे योगी अपनी ऊर्जा को पहचान अशान्ति से बाहर आ सकता है जो अशान्ति से बाहर आ जाये वह अब मन का गुलाम नहीं वरन् स्वयं का मालिक हो गया। योगी चित्त वृत्तियों का गुलाम नहीं वरन् चित्त वृत्तियों का मालिक होता है। योगी निपुण होता है ऊर्जा रूपान्तरण की क्रिया में। साधक साधना के मार्ग में स्वयं को जब इस प्रकार साध लेता है तभी उसके भीतर योगी का जन्म होता है।

वितर्का हिंसादयः कृतकारितानुमोदिता लोभक्रोधमोहपूर्वका मृदुमध्याधिमात्रा दुःखाज्ञानानन्तफला इति प्रतिपक्षभावनम् ॥ 34 ॥

हिंसा आदि विचार, भाव, कर्म नकारात्मक हैं जो कि अज्ञान एवं तीव्र दुख में फलित होते हैं। फिर वे चाहे अल्प हों या मध्यम या तीव्र मात्रा के। लोभ में क्रोध या मोह में किये हों या दूसरों से करवाये हुए हों या अनुमोदन किये हों।

नकारात्मक विचार नरक को जन्म देने वाले हैं। हिंसा, असत्य, चोरी, कामाचार, परिग्रह, तृष्णा, मलिनता आदि भाव नकारात्मक हैं। हिंसा व्यक्ति स्वयं करे, किसी से करवाये, हिंसक का समर्थन करे सब नकारात्मक सोच है। इसी प्रकार असत्य, चोरी आदि अन्यत्र दुर्गुणों के लिये भी समझ लेना चाहिये। मानव का पशु बलि चढ़ाना, स्वर्ग के नाम पर प्राणि की हत्या करना, मांस खाने के नाम पर हिंसा करना ये सब क्या है? सिर्फ अविवेक, अज्ञानता।

इस प्रकार के नकारात्मक विचार, कर्मों के फल अनन्त प्रकार के दुखों और अज्ञान में भटकाने वाले होते हैं। इन सब कार्यों के द्वारा अज्ञानी अपना नरक़ ही निर्मित करते हैं। इसी प्रकार के अपराधों के कारण आज पृथ्वी जघन्य अपराध स्थली बनी हुई है। योग के माध्यम से हम अपने नकारात्मक विचारों को भी सकारात्मक विचारों में बदल सकते हैं। ऐसा कर हम नरक को स्वर्ग में निर्मित कर सकते हैं।

अहिंसाप्रतिष्ठायां तत्संनिधौ वैरत्यागः ॥ 35 ॥

जब योगी हिंसा में प्रतिष्ठित हो जाता है तब उसके सान्निध्य में आने वाले प्राणी भी परस्पर वैर त्याग देते हैं।

एक दूसरे का आभामण्डल एक दूसरे को प्रभावित करता है। योगी अहिंसा में प्रतिष्ठित होता है। योगी से अपनत्व रखने वाले प्रेमी जन भी उसकी अहिंसा में प्रतिष्ठित होने की स्थिति को पहचान लेते हैं और उस क्षण उन्हें एक बात और समझ आती है कि दिव्य प्रेम अहिंसा का ही रूप है। प्रेम में भी हम किसी अत्यान्तिक इकाई पर सूक्ष्म हिंसा कर सकते हैं मगर जो अहिंसा में ही प्रतिष्ठित हैं उसके प्रेम में तो सिर्फ दिव्यता होगी किसी प्रकार की हिंसा नहीं। यही कारण है पूर्व के ऋषि-मुनियों ने प्रेम शब्द पर उतना जोर नहीं दिया जितना अहिंसा शब्द पर दिया है। **प्रेम की पराकाष्ठा ही अहिंसा है।** जब कोई पावन पुनीत दिव्य प्रेम में होता है उन क्षणों में किसी प्रकार की वासना का लेश मात्र भी शेष नहीं रहता। पूर्व में प्रेम की पराकाष्ठा को अहिंसा माना गया है। जब योगी सुनिश्चित रूप से अहिंसा में प्रतिष्ठित हो जाता है तब जो भी उसके सान्निध्य में आते हैं वे सब अहिंसक हो जाते हैं। पूर्व में सत्संग का बड़ा महत्त्व है। सत्संग का अर्थ है जिसने सत्य को पाया है उसके सान्निध्य में रहना ताकि उसके आभा

मण्डल का लाभ मिल सके। उसकी तरंगों को आत्मसात कर हम अपनी सब प्रकार की कामवासना को तिरोहित कर सकते हैं और यह सम्भव होता है गुरु कृपा से, गुरु के सान्निध्य से। गुरु के सम्मुख शिष्य छोटा बच्चा है उसकी उम्र कोई मायने नहीं रखती, सिर्फ समर्पण मायने रखता है। गुरु का सान्निध्य पाकर शिष्य द्विज हो जाता है। शिष्य का नया जन्म होता है। एक जन्म तो माता-पिता से मिलता है शरीर का, गुरु से मिलता है आत्मा का जन्म, शिष्य के सच्चे स्वरूप का। पूर्व में सत्संग की बड़ी महिमा है। उन क्षणों को जब हम सत्य के साथ हों उसे सत्संग कहा जाता है।

सत्यप्रतिष्ठायां क्रियाफलाश्रयत्वम् ॥ 36 ॥

जब योगी पूर्ण रूप से सत्य में प्रतिष्ठित हो जाता है तब वह बिना कर्म किए भी फल प्राप्त कर लेता है।

सत्य बोलने और सत्य होने में बड़ा फर्क है। झूठ बोलने वाला भी अक्सर यह कहता है कि मुझे गलत बात बर्दाश्त नहीं होती। तर्क के माध्यम से सत्य के नाम पर अक्सर लोग अपने अहंकार को ही पोषित करते हैं। सिर्फ सत्य बोलना ही सत्य होने की परिभाषा नहीं है। कभी-कभी सत्य न बोलकर भी सत्य हुआ जा सकता है मौन रहकर भी सत्य को अनेक रूपों में परिभाषित किया जा सकता है। सत्य ही जब पूर्ण रूप से योगी में प्रतिष्ठित हो जाये तो योगी सारी प्रतियोगिता से, आपाधापी की जिन्दगी से बाहर हो जाता है। कर्म के रूप में उसके करने योग्य कोई कर्म बचता ही नहीं। अब योगी जो कुछ भी करता है वह अपने आनन्द भाव से करता है। उसका कर्ता भाव शेष नहीं रहता। यह किसी प्रकार की नौकरी या दुकानदारी नहीं है। यह तो योगी का अपना आनन्द है। वह जो कुछ भी करता है उसमें उसकी आत्मा की आवाज महत्त्वपूर्ण होती है। वह कभी कर्म के रूप में फल की भी चिन्ता नहीं करता। वह कुछ न भी करे तब भी जीवन पर्यन्त सम्पूर्ण अस्तित्व उसका बड़ा साथ देता है। अस्तित्व उससे भिन्न नहीं, परम् उससे भिन्न नहीं, ऐसे योगी को आभा की कैसी फिक्र। ऐसे योगी का जीवन सरलतम होते हुए भी आम जन को बड़ा रहस्यात्मक प्रतीत होता है। योगी बिना कर्म किये भी फल प्राप्त कर लेता है। जब पूरा अस्तित्व दिव्य प्रेम बनकर बरस रहा हो योगी पर, ऐसे में कोई उसे कंकर भी मारे तो वह कंकर भी उसके पास आते आते फूल हो जाता है। योगी

देह में नहीं विदेही है। उस फूल के समान जो वृक्ष पर है या वृक्ष के नीचे, पूजा का है या अर्थी का, वह अपनी महक से ओतप्रोत है।

अस्तेयप्रतिष्ठायां सर्वरत्नोपस्थानम् ॥ 37 ॥

जब योगी पूर्ण रूप से अस्तेय में प्रतिष्ठित हो जाता है। तब आंतरिक समृद्धियाँ उदित होती हैं।

योगी स्वयं के आन्तरिक खजाने को जानता है यही कारण है कि उसकी दृष्टि किसी की बाहरी सम्पदा पर नहीं टिकती। वरन् योगी को प्रत्येक की आन्तरिक सम्पदा का ठीक-ठीक पता होता है। मगर कुछ सौभाग्यशाली ही उसके इशारों को समझ पाते हैं अन्यथा तो उनके बहुत समीप रहने वाले भी योगी के इशारों से चूक जाते हैं। आमजन किसी के जीवन को बहुत नजदीक से देखकर भी किसी योग्य पुरुष से प्रेरणा नहीं लेते वरन् वहाँ भी वे कोई बुराई खोज लेते हैं और यही नकारात्मक सोच उनके स्वयं के आन्तरिक विकास में बाधा बन जाती है।

योगी तो सिर्फ अपनी बुराइयों को देखता है उसके देखने मात्र से वे तिरोहित हो जाती हैं। योगी स्वयं के बोध से, तटस्थ आत्ममूल्याँकन से ऐसी आँख पा लेता है जहाँ उसे आन्तरिक समृद्धि का खज़ाना स्वतः ही दिखाई देने लगता है। ऐसी स्थिति में वह झूठ-फरेब, दुराव-छिपाव एवम् मुखौटों का जीवन नहीं जी पाता। वह अपनी आन्तरिक सम्पदा के साथ आनन्दपूर्वक जीवनयापन करता है। योगी के जीवन में किसी प्रतियोगिता, महत्त्वाकांक्षा, राग-द्वेष, घृणा के भावों का कोई स्थान नहीं होता, वह अपरिग्रही होता है। प्रभु की रज़ा में उसकी रज़ा होती है। जीवन की परिस्थितियों को वह अलग ढंग से देखता है। उसकी नजर स्वयं की भीतरी सम्पदा पर रहती है। उसका आचरण अनेकों को दीक्षित कर देता है।

ब्रह्मचर्यप्रतिष्ठायां वीर्यलाभः ॥ 38 ॥

जब योगी ब्रह्मचर्य में प्रतिष्ठित हो जाता है तब उसे तेजस्विता का लाभ मिलता है।

जिसने काम वासना को नहीं समझा वह काम वासना से उत्पन्न हो गया। उसके सारे जीवन पर काम वासना छा गयी जबकि योगी ब्रह्मचर्य में प्रतिष्ठित होकर निर्मल, निश्छल, कोमल हो गया। यद्यपि कोमलता स्त्री

का गहना है पर योगी भी अत्यधिक कोमलता को पा लेता है। ऐसे में कोई स्त्री योगी को उलाहना भी दे सकती है कि मर्द इतने कोमल थोड़े ही होते हैं। आमतौर से मर्द हिंसक होते हैं। योगी अहिंसक होता है निर्मल एवं कोमल होता है। वासना भी तो हिंसा है। निश्चित रूप से जो योगी ब्रह्मचर्य में प्रतिष्ठित हो जायेगा वह भला हिंसा कैसे कर पायेगा। फिर भी दुनिया में ऐसे सौभाग्यशाली बहुत कम हैं जो योगी की कोमलता में उसकी तेजस्विता को देख पायें। जो भी ऐसा देख लेगा तत्क्षण उसकी योगी के प्रति श्रद्धा अगाध हो जायेगी। गृहस्थ एवम् सन्यस्त सबको मन, कर्म, एवम् वाणी से योगी के समान निर्मल चित्त होना चाहिये। योगी के निर्मल चित्त में आत्मीयता, सौहार्द, दिव्य प्रेम, करुणा, आनन्द फलित होते हैं।

अपरिग्रहस्थैर्ये जन्मकथन्तासम्बोधः ॥ 39 ॥

जब योगी सुनिश्चित रूप से अपरिग्रह में प्रतिष्ठित हो जाता है तब जिज्ञासा मात्र से अपने जन्म के विषय में ज्ञान हो जाता है।

योगी स्वयं की आन्तरिक सम्पदा के अलावा किसी पर भी अपनी मालकियत नहीं रखता। वह अपनी स्वतन्त्रता का पूर्ण आनन्द लेता है और किसी दूसरे की स्वतन्त्रता में कभी बाधा उत्पन्न नहीं करता फिर भी करुणावश जो उससे मार्गदर्शन की अपेक्षा रखते हैं योगी उनका आन्तरिक अनुशासन का मार्ग प्रशस्त करता है। वह भी उनकी निजता का सम्मान करते हुए अपरिग्रही योगी अपने स्वरूप में अवस्थित होता है। अस्तित्व के मूल स्रोत को वह भली-भाँति जान लेता है। जीवन तो आदि से अनादि उस स्रोत आत्मा की यात्रा का सोपान मात्र है।

शौचात्स्वाङ्गजुगुप्सा परैरसंसर्गः ॥ 40 ॥

जब शुद्धता उपलब्ध होती है तब योगी अपने व दूसरों के स्थूल शरीर के तल से ऊपर उठकर जीता है।

जब शुद्धता उपलब्ध नहीं होती शरीरों का आकर्षण बना रहता है। वासना के बीज विद्यमान रहते हैं। किसी न किसी रूप में वासना, तृष्णा, एष्णाएँ, संसारी तलों पर कुछ भोगना चाहती हैं। सतत् अभ्यास एवम् वैराग्य

मे योगी शुद्धता को उपलब्ध हो जाता है। जब योगी आन्तरिक शुद्धता को उपलब्ध होता है वह स्वयं को बड़ा हल्का अनुभूत करता है। वह दूसरे तल पर जीना प्रारम्भ कर देता है। जहाँ उसे शरीर आकर्षित नहीं करते वरन् वह चेतना के तल पर सूक्ष्म रूप से जीना शुरू करता है। उसका शरीरों के प्रति आकर्षण पूर्णतया तिरोहित हो जाता है। अहिंसा, सत्य, अस्तेय, अपरिग्रह उसे शुद्ध कर देते हैं। शुद्ध होने पर चेतना का तादात्म्य शरीरों के साथ नहीं वरन् शरीरों के मध्य विराजमान आत्मा से हो जाता है, योगी द्विज हो जाता है, फूल की महक के समान।

**सत्त्वशुद्धिसौमनस्यैकाग्र्येन्द्रियजयात्मदर्शन-
योग्यत्वानि च ॥ 41 ॥**

मानसिक शुद्धता से उदित होती है–प्रफुल्लता, एकाग्रता की शक्ति, इंद्रियों पर नियंत्रण और आत्मदर्शन की योजना।

काश! मनस्विद् भी इन सूत्रों को ठीक रूप से समझ पाते। चित्त की शुद्धता एवम् प्रफुल्लता का गहरा सम्बन्ध है। चित्त शुद्ध होता है तब योगी स्वतः ही अपने भीतर प्रफुल्लता को 'फील' (महसूस) करता है। योगी की एकाग्रता की शक्ति अद्‌भुत होती है। वह "सार सार को गहि रहे थोथा देय उड़ाय" की कहावत को चरितार्थ करने की क्षमता रखता है। यह कार्य शरीर से नहीं वरन् चेतना से सम्भव है। बड़े रूप में अपनी बात कह पाना सरल है लेकिन छोटे रूप में अपना सारगर्भित वक्तव्य दे पाना कठिन है। योगी थोड़े में अधिक कहना बेहतर जानते हैं। महर्षि पतंजलि तो एक शब्द भी निरर्थक नहीं बोलते। योगी शब्दों के प्रति भी बड़े सजग होते हैं यह सब योगी की एकाग्रता से सम्भव है। शुद्ध शरीर, शुद्ध चेतना, शुद्धता से परिपूर्ण व्यक्ति में एकाग्रता स्वतः ही उदित होती है। इन्द्रियों पर नियन्त्रण आता है भीतर की समझ से। शरीर, मन, हृदय की शुद्धता से योगी अपनी परिधि पर लौट आता है। भीतरी सत्ता पर लौट आने से योगी के आत्मदर्शन की योग्यता हासिल हो जाती है। आत्मदर्शन परम् सुख की अवस्था है जिसे पाकर योगी सन्तोष को 'फील' करता है।

संतोषादनुत्तमसुखलाभः ॥ 42 ॥

सन्तोष से उपलब्ध होता है परम् सुख।

परम् सुख क्या है? यही कि कोई बात तुम्हें बेचैन न कर सके, कोई बात तुम्हें असन्तुष्ट न कर सके, तुम किसी प्रकार के अभाव को न 'फील' करो, जैसी भी तुम्हारी स्थिति है तुम उसमें राजी रहो, बिना किसी शिकायत भाव के परम् की रज़ा में अपनी रज़ा मिला दो, न कोई भूत, न कोई भविष्य, अभी और यहीं, अपनी स्थितियों के लिये बिना किसी शिकायत भाव के धन्यवाद देने की ठीक ठीक क्षमता। यही है परम् सुख की अवस्था।

कायेन्द्रियसिद्धिरशुद्धिक्षयात्तपसः ॥ 43 ॥

जब तप से अशुद्धियों का क्षय हो जाता है, तब शारीरिक एवम् मानसिक शक्तियाँ जागृत होती हैं।

तप यानि ध्यान से अशुद्धियों का क्षय हो जाता है। अशुद्धियों के क्षय होने से राग, द्वेष क्लेश आदि मिट जाते हैं, चित्त निर्मल हो जाता है। अतः ध्यान साधना में रमा योगी हानि-लाभ, जय-पराजय, दुख-सुख आदि से निर्विकार हो जाता है। इस प्रकार ध्यान से, साक्षी भाव से जिसके विकार नष्ट हो गये हैं ऐसे योगी की अनेक प्रकार की शारीरिक एवम् मानसिक शक्तियाँ जागृत हो जाती हैं। योगी स्वयं में हल्कापन; सन्तोष एवम् दुख के अभाव को अनुभूत करता है।

योगी को अणिमा, महिमा, दूरश्रवण, दूरदर्शन आदि की सिद्धियाँ प्राप्त हो जाती हैं। वह सूक्ष्म रूप से लोक लोकान्तरों से सम्पर्क स्थापित कर सकता है। योगी का दृष्टि फलक विराट हो जाता है।

स्वाध्यायादिष्टदेवतासम्प्रयोगः ॥ 44 ॥

स्वाध्याय से इष्ट देवता से मिलन होता है।

स्वाध्याय के द्वारा अपने भीतर बैठे इष्ट से मिलन होता है। परम् हमारे भीतर ही विद्यमान है। स्वयं का अध्ययन कर उसे पहचाना जा सकता है। स्वाध्याय से ही, एकत्व घटित हेता है।

दूसरा अर्थ यह भी है कि बुद्ध, महावीर, कृष्ण, पतंजलि जैसे सम्बुद्ध रहस्यदर्शियों की ऊर्जा सदैव उपलब्ध रहती है। योगी इनसे तादात्म्य स्थापित कर अपनी अलख जगा सकता है। समय एवम् काल की सीमाएँ बाधक

नहीं होती, फिर भी जीवन्त गुरु की बात ही अलग होती है।

समाधिसिद्धिरीश्वरप्रणिधानात् ॥ 45 ॥

ईश्वर के प्रति समर्पण घटित होने पर समाधि फलित होती है।

स्वयं को जान लेने से, स्वयं का अध्ययन करने से, यह भी समझ आता है अपने किये कुछ नहीं होता। जब तक परम् का साथ न हो, अध्यात्म की यात्रा में हम अकेले काफी नहीं हैं यदि परम् के (सद्‌गुरु के) आशीष भी साथ हो जायें तो यात्रा सुगम हो जाती है। अहंकार गिरता है तभी समर्पण घटित होता है या समर्पण होने से अहंकार स्वतः ही गिर जाता है। अहंकार बाधा है। उससे भी बड़ी बाधा अधैर्यशीलता है। अहंकार गिरे, समर्पण घटित हो और धैर्य बना रहे तब समाधि फलित होती है। इस आलोक की जगमगाहट में ईश्वर के प्रति समर्पण का विशेष महत्त्व है। समर्पण होना महत्त्वपूर्ण है। किसके प्रति है, यह उतना महत्त्वपूर्ण नहीं। पूर्व में तो पत्थर के प्रति भी यदि कोई समर्पण कर दे तो वह पत्थर में भी ईश्वर को खोज लेता है, ऐसी मान्यता है। समर्पण का बड़ा महत्त्व है जिसे भी तुम ईश्वर मानते हो उसके प्रति समर्पित होने से समाधि फलित होती है।

स्थिरसुखमासनम् ॥ 46 ॥

स्थिर और सुखपूर्वक बैठना आसन है।

आज इन्सान इतना तनाव युक्त जीवन जीता है कि स्थिर होकर सुखपूर्वक बैठना उसे आता ही नहीं। यदि किसी को बोलने को कहा जाये तो इन्सान बोल नहीं पाता। किसी को सुखपूर्वक स्थिर बैठने को कहा जाये तो इन्सान बैठ नहीं पाता। किसी से मौन रहने के लिये कहा जाये तो मौन में रहना कठिन हो जाता है। इन्सान का मन स्वयं के नियन्त्रण में है ही नहीं। महर्षि पतंजलि कहते हैं मौन, अकम्प, मूर्तिवत्, स्थिर, सुखपूर्वक बैठना भी स्वयं में आसन है। ऐसा वह योगी कर सकता है जिसके चित्त में हलचल नहीं है। जब कभी भी हम सुखासन या पद्‌मासन में बैठते हैं हमारा शरीर एक पिरामिड की भांति हो जाता है और उन मौन के क्षणों में ऊर्जा हमारे भीतर ही भीतर घनीभूत होती रहती है। यही ऊर्जा हमारे चक्रों को सक्रिय करने में सहयोग देती है। गोरख का प्रसिद्ध वचन है हंसिबा, खेलिबा,

करिबा ध्यानम्। इन्सान को हँसना, खेलना एवम् सहज अवस्था में सुखपूर्वक बैठना आ जाये वही ध्यान है। वही सहज समाधि है।

प्रयत्नशैथिल्यानन्त्यसमापत्तिभ्याम् ॥ 47 ॥

प्रयत्न की शिथिलता और असीम पर ध्यान से आसन सिद्ध होता है।

प्रयास व्यक्ति को अधीर बना देता है और कभी-कभी जब व्यक्ति प्रयास छोड़ देता है तब पा लेता है। जैसा कि बुद्ध के साथ हुआ। बुद्ध ने बोधि वृक्ष के नीचे छः वर्ष तक कठोर तप किया, फिर प्रयत्न ही छोड़ दिया। कुछ महिलाएँ गीत गाती जा रही थीं 'वीणा के तारों को इतना ढीला भी मत छोड़ों कि उसमें से सुर न निकले, उन तारों को इतना भी मत कसो कि तार ही टूट जायें।' इन बोलों को सुनकर क्रांन्ति घटित हो गयी। अब गौतम गौतम न रहे, अस्तित्व उन पर बरस गया और वे गौतम से बुद्ध हो गये। प्रयत्न की शिथिलता और असीम की कृपा से बुद्धतत्व फलित हो गया।

दूसरी बात, हमारे यहाँ निर्गुण एवम् सगुण दोनों तरह की आराधना विधियों को मान्य माना गया है, सारे प्रयत्न छोड़कर जब हम आसमान में असीम में निहारते हैं तो धीरे-धीरे हमारे चित्त की मलिनताऐं असीम में विलीन हो जाती हैं और हम असीम शान्ति को अनुभूत करते हैं।

ततो द्धन्द्धानभिघातः ॥ 48 ॥

तब द्वंद्व नहीं सताते।

चित्त की वृत्तियाँ जब निर्मूल हो जायेंगी तब भला द्वन्द कैसे सतायेंगे? सारी खींचातानी तो वृत्तियों के कारण ही हैं। आसन का सिद्ध होना इसका अर्थ है योगी का स्थित प्रज्ञ होना, विश्रान्ति में होना। योगी विश्रान्त होता ही तभी है जब वह सब प्रकार के द्वंद्वों से मुक्त होता है। सतत् अभ्यास एवम् वैराग्य से भी साधक सब प्रकार के द्वन्द्वों से मुक्त हो जाता है। अगले सूत्र में महर्षि पतंजलि प्राणायाम के बारे में बतलाते हैं।

तस्मिन् सति श्वासप्रश्वासयोर्गतिविच्छेदः प्राणायामः ॥ 49 ॥

आसन सिद्धि के बाद का चरण है प्राणायाम।

जब योगी घण्टों मौन, अकम्प, मूर्तिवत् बैठा रह सके, उसका आसन सिद्ध हो जाये तब योगी को प्राणायाम का अभ्यास करना चाहिए। प्राण और आयाम इन दो शब्दों से मिलकर बना है प्राणायाम। अपने प्राणों को निश्चित आयाम देना है प्राणायाम। श्वास को विशेष प्रकार से रोकने एवम् छोड़ने की प्रक्रिया को प्राणायाम कहते हैं।

बाह्याभ्यन्तरस्तम्भवृत्तिर्देशकालसंख्याभिः
परिदृष्टो दीर्घसूक्ष्मः ॥ 50 ॥

प्राणायाम की अवधि और आवृत्ति देश, काल और संख्या के अनुसार ज्यादा लम्बी और सूक्ष्म होती जाती है।

महर्षि पतंजलि के अनुसार बाह्यवृत्ति प्राणायाम, अभ्यंतर वृत्ति प्राणायाम ओर स्तंभ वृत्ति प्राणायाम, इन तीनों की परीक्षा देश, काल और संख्या द्वारा की जाती है और ये अभ्यास द्वारा लम्बे और हल्के हो जाते हैं।

1. **बाह्यवृत्ति-प्राणायाम–** श्वास को धीरे-धीरे बाहर निकाल कर रोक देना और फिर यह देखना कि कितनी दूरी तक जाकर यह रुका है। इसे अपने आगे रुई रखकर उसके स्पन्दन और निःस्पंदन से जांचा जा सकता है। इसे रेचक प्राणायाम कहते हैं सतत् अभ्यास से इसको लम्बा एवम् हल्का किया जा सकता है।

2. **अभ्यन्तरवृत्ति-प्राणायाम**–श्वास को धीरे धीरे भीतर ले जाकर रोकना और देखना कि यह किस देश अर्थात् कितनी दूरी पर जाकर रुका है। साथ ही यह भी देखना कि यह कितने काल तक रुका है तथा इस काल में श्वांस की स्वाभाविक गति कितनी संख्या में हो सकती है। इसको पूरक प्राणायाम कह सकते हैं अभ्यास से यह भी दीर्घ और सूक्ष्म होता है।

3. **स्तंभवृत्ति-प्राणायाम**–श्वांस बाहर हो या भीतर वहीं रोक देना, साथ ही यह भी देखना किं यह किस देश अर्थात् दूरी तक जाकर ठहरा है कितनी देर ठहरा है और इस काल में श्वांस की स्वाभाविक गति क्या हो सकती है। इसको कुंभक कहते हैं। यह भी अभ्यास से लम्बा एवम् सूक्ष्म होता है।

बाह्याभ्यन्तर विषयाक्षेपी चतुर्थः ॥ 51 ॥

प्राणायाम का चौथा प्रकार आन्तरिक होता है और यह प्रथम तीन के पार जाता है।

चौथे प्राणायाम में न भीतर श्वास रोकना है, न बाहर रोकना है, न अचानक रोकना है यानि रेचक, कुम्भक एवम् पूरक तीनों प्रकार के प्राणायाम नहीं करके श्वास की गति को सहज ढंग से रुकते देखा जाता है उसे केवल कुंभक कहते हैं। इस प्राणायाम मे योगी जब चाहे तब श्वासों की गति को देखकर शान्त हो जाता है।

बुद्ध इसे ही **'अनापानसतीयोग'** कहते हैं। कहीं भी श्वास को रोकने की कोशिश नहीं करनी है वरन् श्वास की गति को सहज देखते रहना है। आती जाती श्वास को जहाँ श्वास रुकती है जहाँ श्वास टर्न लेती है और अनुभूत करना श्वास अलग है हमसे भिन्न है। इसी प्रकार श्वास को देखने की प्रक्रिया का नाम अनापानसत्तीयोग है।

ततः क्षीयते प्रकाशावरणम् ॥ 52 ॥

फिर उस आवरण का विसर्जन हो जाता है जो आकाश को ढके हुए है।

मनुष्य के विवेक पर माया का पर्दा पड़ा है। जब योगी निरन्तर प्राणायाम का अभ्यास करता है तब वह पर्दा क्षीण होता है और योगी अपने ही प्रकाश से प्रकाशवान होता है। तब योगी के सारे अवरोध दूर होते हैं। इस प्रकार प्राणायाम को साधते रहने से ही साधक के मन का वह परदा जीर्ण होता है जो उसके विवेक ज्ञान के प्रकाश को ढकने वाला है।

धारणासु च योग्यता मनसः ॥ 53 ॥

और तब मन धारण के योग्य हो जाता है।

धारण योग्य क्या है? सत्य ही धारण करने योग्य है। योगी सदैव सत्य को धारण करने के लिये सतत् अभ्यास करता रहता है क्योंकि सत्य का सम्बन्ध ही हमारी निजता से है। योगी सत्य स्वरूपा है सत्य के स्वरूप से ही योगी स्थित प्रज्ञ होता है।

स्वविषयासम्प्रयोगे चित्तस्य स्वरूपानुकार इवेन्द्रियाणां प्रत्याहारः ॥ 54 ॥

इन्द्रियों का विषयों के पाथ संबंध न होने पर चित्त के स्वरूप का अनुकरण करना प्रत्याहार है।

योग का पांचवा अंग है प्रत्याहार– स्वयं पर लौट आना। यह मन की उस क्षमता की पुर्नस्थापना है जिससे बाह्य जनित विक्षेपों से मुक्त हो इन्द्रियाँ वश में हो जाती हैं।

बाहर भटकने वाला गुलाम है वहीं भीतर लौट आने वाला मालिक है। प्रत्याहार का अर्थ है अब ऊर्जा भीतर की तरफ लौट आयी, अन्तस जगत् के रहस्य, रहस्य न रहे, हमें अपने ही भीतर परम् चैतन्य का पता मिल गया, मन के मन्दिर का पता मिल गया, अपने घर लौट कर जो सकून एवम् शांति मिली वह भला बाहर भटकने में कहाँ थी?

ततः परमा वश्यतेन्द्रियाणाम् ॥ 55 ॥

प्रत्याहार के सिद्ध हो जाने पर इन्द्रियों पर उच्चतम विजय हो जाती है।

प्रत्याहार के सिद्ध हो जाने पर इन्द्रियों के पीछे मन नहीं भटकता वरन् मन इन्द्रियों से पूरी तरह विरक्त हो जाता है। योगी को ऐसी अवस्था में आश्चर्य होता है कि अब तक मैं मन के द्वारा कैसे और क्यों कर छला जाता था। योगी स्वयं का गुलाम नहीं वरन् मालिक होता है। मालिक होने का तात्पर्य ही यही है कि अब कोई भटकन नहीं। भटकाव नहीं। विषयों के पीछे भागना भटकना नहीं। संसार में भटकने वाली ऊर्जा अब भीतर की ओर मुड़कर विश्रान्ति को पा गई है। यह विश्रान्ति स्वर्ग के समान है। जीते ज़ी यदि परम् की कृपा से स्वर्ग मिले तो भला इन अविस्मरणीय पलों को कौन संजोकर रखना न चाहेगा? वीतरागी होने का अपना आनन्द है। जिसे भीतर सम्पदा मिल जाये उसके लिये बाहरी सम्पदा कोई मायने नहीं रखती। बहुत कम है जो भीतर मुड़ना जानते हैं और बिरले हैं जिन्होंने स्वयं की मालकियत को पाया है। ●

तीसरा प्रकरण

विभूति पाद

देशबन्धश्चित्तस्य धारणा ॥ 1 ॥

जिस पर ध्यान किया जाता है उसी में मन को एकाग्र ओर सीमित कर देना धारणा है।

महर्षि पतंजलि ने साधना पाद में यम, नियम, आसन, प्राणायाम और प्रत्याहार इन पाँच बहिरंग साधनों का वर्णन किया है और विभूति पाद में धारणा, ध्यान और समाधि इन अन्तरंग साधनों पर प्रकाश डाला है। जिस पर ध्यान किया जाता है उसी में मन को एकाग्र और सीमित कर देना धारणा है। ऐसा करने से योगी का संयम सध जाता है। योगी का संयमी होना आवश्यक है। जो स्वयं पर अपने होश से नियन्त्रण रखना नहीं जानता वह भला संयम की परिभाषा कैसे समझेगा? संयम तो शान्ति की वह अवस्था है जब हम सिर्फ आत्मा की आवाज सुन पाते हैं जब कोई आत्मा की आवाज सुन पाता है वह किसी प्रकार की अविद्या का शिकार नहीं होता। संयम पनपता ही तब है जब हम आत्मा की आवाज सुन पाते हैं।

तत्र प्रत्ययैकतानता ध्यानम् ॥ 2 ॥

ध्येय के विषय में जुड़ी मन की अविछिन्नता, उसकी और बहता मन का सतत् प्रवाह ध्यान है।

जैसे कोई निश्छल झरना बहता है अपनी निर्बाध अविच्छिन्नता लिये। उसके बहने का अपना सौन्दर्य है। उसे न कोई परवाह, न कोई चिन्ता,

अविछन्न है उसका प्रवाह। चेतना भी संयम के सहारे निर्बाध अविच्छिन्नता लिये ध्यान में प्रवाहमान होती है तब योगी का सौन्दर्य प्रकट होता है तभी तो उसकी प्रतिभा का फूल खिलता है। आध्यात्मिक अविच्छिन्नता में रमा योगी का मन सदा सत्संग के प्रवाह में बहता है, उस प्रवाह में डुबकी लगाने का अपना आनन्द है।

तदेवार्थमात्रनिर्भासं स्वरूपशून्यमिव समाधिः ॥ 3 ॥

जब मन धारण किए गए विषय के साथ एक रूप हो जाता है वह समाधि है।

जब मन धारण किए गए विषय के साथ एक रूप हो जाता है, तब विषय वासनाओं की भीड़ स्वतः ही गिर जाती है। ऐसे में धारण किये गये विषय के प्रति एकरूपता का भाव ही तो हमारी आध्यात्मिक यात्रा का मार्ग प्रशस्त करता है। जब सत्य का संग कर लिया जाता है तब प्रति पल जो घटित होता है वह सत्संग ही तो है। सत्य के संग ही तो हम समाधि की अवस्था में होते हैं। सत्य को अपने मुखारविन्द से उद्‌भाषित करते हैं और यह सत्य का प्रकाश प्रकट भी हो जाता है। जिसके प्रकट होने से अहंकार विदा हो जाता है और योगी आत्मा में रमण करते हैं।

त्रयमेकत्र संयमः ॥ 4 ॥

ध्यान, धारणा, समाधि तीनों का एक हो जाना संयम है।

ध्यान, धारणा, समाधि तीनों के एक हो जाने पर ही हम आत्मा की आवाज को सुनने लायक होते हैं जो योगी को स्पष्ट रूप से निर्देशित करती है उसके भीतर संयम पैदा करती है और यह सुखद संयोग फलित होता है ध्यान, धारणा, समाधि तीनों के एकीकृत होने से।

ध्यान, धारणा समाधि के माध्यम से ही तो हमें सत्य की झलक मिलती है। एक सत्य की झलक अनेक झूठी अवधारणाओं को मिटाने के लिये पर्याप्त है। आत्मा की आवाज प्रकट होने पर योगी से उसका तादात्म्य बना रहता है। जब हमने ठीक रास्ता पकड़ लिया तो गलत तो स्वतः ही छूट जायेगा उसे मिटाना थोड़े पड़ेगा, वह तो हमारे संयम से तिरोहित हो जायेगा।

तज्जयात्प्रज्ञालोकः ॥ 5 ॥

उस पर विजय हो जाने पर चेतना के प्रकाश का आविर्भाव होता है।

धारणा, ध्यान सध जाने पर अन्तरप्रकाश का आविर्भाव होता है चेतना के प्रकाशित होने के पश्चात् बुद्धत्व फलित होता है। ऐसी अवस्था में साधक का सब प्रकार का भटकाव समाप्त हो जाता है प्रज्ञा के प्रकाश में राग, द्वेष, मोह, क्रोध, हर्ष, शोक सब विसर्जित हो जाते हैं। योगी अपने ही प्रकाश से देदीप्यमान रहता है।

तस्य भूमिषु विनियोगः ॥ 6 ॥

संयम का यह चरण उपयोग करना चाहिये।

सरल, सहज एवम् स्वभाव स्वरूप होना ही संयम है। आज का मानव बड़ा अस्वाभाविक जीवन जी रहा है। हमारा खान-पान, रहन-सहन, उठना-बैठना, सोना-जागना सभी कुछ अस्वाभाविक होता चला गया है फिर भी महर्षि पतंजलि हमें 'स्टेप्स' दे रहे हैं। संयमशील के सत्संग से हम अपनी चेतना को भी ठीक प्रकार से दिशा दे सकते हैं और यदि यह कहा जाये तो भी कोई अतिशयोक्ति नहीं होगी कि सिर्फ संयमशील व्यक्ति के सत्संग से ही समाधि फलित हो सकती है। संयमशील के सान्निध्य मात्र से हमारी चेतना सधने लगती है और हम अपने भीतर उसे प्रतिसंवेदित होते देख सकते हैं। पूर्व में सत्संग के माध्यम से भी संयम को साधा जाता रहा है।

त्रयमन्तरङ्गं पूर्वेभ्यः ॥ 7 ॥

धारणा, ध्यान, समाधि—ये तीनों चरण प्रारम्भिक पांच चरणों की अपेक्षा आन्तरिक हैं।

आन्तरिक वह है जो अन्तस से जुड़ा है। महर्षि पतंजलि कहते हैं ऐसा न हो कि तुम जीवन-भर सिर्फ शारीरिक क्रियाओं को ही स्वास्थ्य लाभ के लिये दोहराते चले जाओ और अपने अन्तस में झांक कर देख भी न पाओ। बहिरंग क्रियाएँ तुम्हें योगी नहीं बनाती जो भी अन्तरंग है उसे जानना समझना जरूरी है। योगी के तो अन्तरंग सूत्र जितने काम के हैं शायद बहिरंग उतने उपयोगी नहीं है। धारणा, ध्यान, समाधि का जीवन में सातत्य

बना रहे, तो योगी अन्तर्यात्रा पर निकल ही पड़ेगा और समाधि की विभिन्न अवस्थाओं को भी जान ही लेगा। मगर अपनी चेतना को किस प्रकार चैतन्य के उच्च शिखरों पर स्थापित करना है अपने सूत्रों के माध्यम से यही तो बतला रहे हैं महर्षि पतंजलि। कहते हैं योग योग से आगे बढ़ता है, जो योगी सावधानी से योग करता चलता है वह योग में समाधि की विभिन्न अवस्थाओं में चिर काल तक रमण करता चलता है।

तदपि बहिरङ्गं निर्बीजस्य ॥ 8 ॥

लेकिन निर्बीज समाधि की तुलना में ये तीनों बाह्य ही हैं।

यम, नियम, आसन, प्राणायाम, प्रत्याहार जहाँ बहिरंग हैं वहीं धारणा, ध्यान, समाधि अन्तरंग हैं। मगर कैवल्य ज्ञान के सम्मुख तो यह सभी बहिरंग है यह संबोधि के बुद्धत्व के साधन हैं। एक समय तक योगी का प्रयास काल होता है, संयम स्थापित करना होता है। जब स्वयं के प्रकाश से संयम उदित होता है तब योगी को प्रयास छोड़ देने चाहिये। फिर तो सुजागी की आँख ही काफी है सत्य को देखने के लिये। बुद्धत्व परम् का ऐसा फल है जिसके लिये सब प्रयास बहिरंग हैं क्योंकि यह फल शून्य के अन्तराल मे फलित होता है। निर्बीज का अर्थ भी यही है इच्छाओं और कामनाओं के बीज का ही दग्ध हो जाना, जन्म मृत्यु के पर की अवस्था।

व्युत्थाननिरोधसंस्कारयोरभिभवप्रादुर्भावौ
निरोधक्षणचित्तान्वयो निरोधपरिणामः ॥ 9 ॥

निरोध परिणाम मन का वह रूपान्तरण है जब मन में निरोध की अवस्थिति व्याप्त हो जाती है। जो तिरोहित हो रहे भाव संस्कार और उसके स्थान पर प्रकट हो रहे भाव विचार के बीच क्षण मात्र को घटित होती है।

मन चंचल है चलायमान है। इसीलिए वह सदैव भांति भांति के क्रियाकलापों में संलग्न रहता है। सारी वृत्तियों से निजात पाने की अवस्था ही सम्प्रज्ञात समाधि की अवस्था है। एक बार जिसने समाधि की अवस्था को 'फील' किया है वह जरूर चाहेगा कि वह स्थिति प्रज्ञ हो जाये। योगी का तो स्वभाव ही समाधि में रहने का है और यह सम्भव है कठोर आत्मनिरीक्षण से। निरोध का परिणाम मन का वह रूपान्तरण है जब मन में

निरोध की अवस्थिति व्याप्त हो जाती है, जो तिरोहित हो रहे भाव संस्कार और उसके स्थान पर प्रकट हो रहे भाव विचार के बीच क्षण मात्र को घटित होती है। आत्मनिरीक्षण के माध्यम से हम अपने सच्चे शान्त स्वरूप को पा ही लेते हैं। सत्य की झलक पाने पर झूठ की परतें स्वतः ही तिरोहित हो जाती हैं, यही है रूपान्तरण प्रक्रिया।

तस्य प्रशान्तवाहिता संस्कारात् ॥ 10 ॥

यह प्रवाह पुनरावृत्त अनुभूतियों, संवेदनाओं द्वारा शान्त हो जाता है।

अमन की अवस्था ही परम् आनन्द अवस्था है। मन के विदा होने का भी अपना मजा है। यही तो है वह अवस्था जहाँ दुख का अभाव है। निर्विकार होना ही तो योगी का सरल स्फूर्त स्वभाव है। हमें भीतर बाहर से इसी परम् शून्य की अवस्था ने तो घेर रखा है। हमें विचार उपयोगी लगते हैं तब तक जब तक निर्विचार अवस्था की हमें झलक न मिली हो, निर्विचार की झलक पा लेने के पश्चात् भला विचारों की क्या कीमत। परम् को पा लेने के तत्पश्चात् कोरेपन का अहसास ही तो फील है, समय आने पर विचारों की गम्भीरता एवम् सद्‌विचार भी तिरोहित हो जाते हैं। शान्त चित्त होना स्वयं में प्रवाह है। यह सम्भव है उत्कट वैराग्य द्वारा।

सर्वार्थतैकाग्रतयोः क्षयोदयौ चित्तस्य समाधिपरिणामः ॥ 11 ॥

सब तरफ भटकने वाली वृत्ति का क्षय तथा एक ध्येय में लगने वाली एकाग्रवृत्ति का उदय चित्त का समाधि परिणाम है।

जिस प्रकार सब तरफ भटकते रहना चित्त का स्वभाव है ठीक उसी प्रकार सत्य को उपलब्ध होना उदय चित्त का फल है। एक तरफ हमारा मन वासनाओं में लिप्त रहता है और दूसरी तरफ परमात्मा। हमें अपनी तरफ बुलाता है। कभी कभी लगता है मानव परम् को खोज रहा है और परम् मानव को यह खेल लीला न होता अगर इसमें वासनाओ का पुट न होता। पर फिर भी कैसे समझोगे लीला को लीला और कैसे खोजोगे उसे जो सिर्फ़ तुम्हारा ही प्रतिबिम्ब है? लौकिक-अलौकिक दोनों के मिटने का नाम ही अद्वैत है। वेदान्त भी यही और योग भी यही कहता है।

ततः पुनः शान्तोदितौ तुल्यप्रत्ययौ
चित्तस्यैकाग्रतापरिणामः ॥ 12 ॥

तब पुनः एक ही समान की ज्ञान वृत्ति का शान्त और उदित होते रहना चित्त की एकाग्रता का परिणाम है।

ज्ञान वृत्ति का होना ही एकाग्रता का द्योतक है। भटकने वाला मन जब शान्त स्थिर हो जाता है तभी योगी समाधि अवस्था को पाता है।

जब यही शान्ति स्थित प्रज्ञता में रूपान्तरित होती है तब सब प्रकार के मन के उपद्रव समाप्त हो जाते हैं बचती है, तो ऋतम्भरा जो कि सिर्फ कल्याण की द्योतक है। इस प्रकार महर्षि पतंजलि हमें निरोध परिणाम, समाधि परिणाम, एकाग्रता परिणाम के बारे में बतलाते चलते हैं।

एतेन भूतेन्द्रियेषु धर्मलक्षणावस्थापरिणामा व्याख्याताः ॥ 13 ॥

उपर्युक्त चित्त के परिणाम बता देने से जड़ तत्वों और इन्द्रियों में होने वाले धर्म परिणाम, लक्षण परिणाम तथा अवस्था परिणाम भी मानो कह दिये गये।

पूर्व की मान्यता है कि कोई भी वस्तु बिना पहले से हुए प्रकट नहीं होती और जो वर्तमान में है वह सर्वथा नष्ट भी नहीं होती। जैसे घड़ा मिट्टी से बना है, उसके भीतर भी आकाश है और बाहर भी, जब घड़ा फूटता है तो बाहर भीतर के आकाश को मिलाना नहीं पड़ता, ठीक उसी प्रकार घड़े के फूटने से मिट्टी मिट्टी में मिल ही जाती है। पंच भूत तत्वों के और उनसे बने शरीर के, शरीर में स्थापित चित्त के अपने परिणाम होते हैं। जो कि स्वरूप की दृष्टि से बिल्कुल भिन्न भिन्न है। जैसे सुख-दुख, उदासी-प्रसन्नता, राग-द्वेष, करुणा-वात्सल्य आदि ऊर्जा के विभिन्न रूप हैं।

शान्तोदिताव्यपदेश्यधर्मानुपाती धर्मी ॥ 14 ॥

जो बीते हुए वर्तमान तथा आने वाले धर्मों में विद्यमान हो वह धर्मी है।

योग का अर्थ है आत्मा का परमात्मा से मिलन। कौन है जो सर्वत्र विद्यमान है। धर्म का अर्थ है सत्य और धर्मी का अर्थ है धारण करने वाला। पृथ्वी ने हम सभी को धारण कर रखा है अतः वह धर्मी है। पंच भूत तत्त्व भी धर्मी है। जैसे जल बर्फ बन सकता है, वाष्प बन सकता है, जल जल

तो है ही पर उसकी धारण करने की योग्यता है। इसीलिये हिन्दुओं में पंचभूत तत्त्वों में पानी का सबसे अधिक महत्त्व है। तात्पर्य यह कि सारे धर्मों में धर्मी एवम् शक्यिों में शक्तिमान सब समय विद्यमान रहता है। यह जगत भी उसी प्रकार परमात्मा से ओतप्रोत है। मानव ने धर्म को धारण किया है या धर्म ने मानव को एक ही बात है और अब हमें प्रति पल परम् की सुरक्षा करनी है यह महत्त्वपूर्ण बात है।

क्रमान्यत्वं परिणामान्यत्वे हेतुः ॥ 15 ॥

क्रम की विभिन्नता परिणाम की विभिन्नता में कारण है।

क्रम से तात्पर्य गतिशीलता से है परिणाम का अर्थ रूपान्तरण से है। अन्यत्व का अर्थ भिन्नता से है।

जैसे मिट्टी के गृह नक्षत्र बने हैं इन पर जीवन विद्यमान है। मिट्टी के भी भिन्न भिन्न रूप हैं। रेत के टीलों से लेकर कठोर चट्टानों तक उसी का रूप है। जैसे रुई एक है मगर रजाई, गद्दे, तकिये में वह विभिन्न आकारों में विद्यमान है। रुई की बत्ती दीपक और तेल के संयोग से प्रकाश दे सकती है। वहीं उसकी मजबूत डोरी कुएँ से पानी निकालने वाली रस्सी का रूप ले सकती है। रुई से सूत कातकर उसके भाँति-भाँति के वस्त्र बनाये जा सकते हैं। इसी प्रकार सम्पूर्ण पृथ्वी पर प्रकृति का अपना रूप है। खेत-खलिहानों में भी कहीं गन्ना तो कहीं चावल की खेती होती है। चपाती को पकने के लिये ठीक आँच चाहिये और चावल को सीजने के लिये भी ठीक-ठीक आँच चाहिये। ठीक उसी प्रकार चित्त एक है। मन जैसे विचार करता है वैसा ही रूप धारण कर लेता है। चंचल मन बार बार लम्पटता की बात करेगा। मगर सन्तों के संग से चित्त अन्तर्मुखी होगा। यह काम वासना से भी भर सकता है और वैराग्य से भी। यदि हम चाहते हैं कि हमारे जीवन में समाधि फलित हो तो हमें सत्संग, सेवा, स्वांध्याय, चिन्तन, ध्यान को अपने जीवन का संगी साथी बनाना चाहिये, ताकि रूपान्तरण घटित हो सके।

परिणामत्रयसंयमादतीतानागतज्ञानम् ॥ 16 ॥

तीनों परिणामों में संयम कर लेने से भूत और भविष्य का ज्ञान हो जाता है।

महर्षि पतंजलि के अनुसार धारण, ध्यान और समाधि के माध्यम से जब स्वयं के भीतर संयम कायम कर लिया जाता है तब भूत एवम् भविष्य का ज्ञान हो जाता है। यह निर्भर करता है योगी की अवस्था पर, यदि वह अपने पूर्व जन्मों को जानना चाहे तो वह उनमें झाँक सकता है। यदि वह अपने भविष्य को जानना चाहे तो वह उसमें भी झाँक सकता है। एकाग्रता से यह सम्भव है। अतीत एवम् भविष्य में घटने वाली घटनाओं के प्रति भी योगी सजग हो सकता है। ये तीन परिणाम हैं धर्म परिणाम, लक्षण परिणाम, अवस्था परिणाम। यहाँ धर्म का अर्थ शक्ति से है। यह संसार परमात्मा की लीला है। लीला संसार का लक्षण है। इस संसार में रोज बच्चे जन्म लेते हैं जवान होते हैं, बूढ़े होते हैं और मर जाते हैं। ये अवस्था परिणाम है। महर्षि पतंजलि के अनुसार धर्म, लक्षण और अवस्था परिणाम में संयम करने से भूत-भविष्य की घटनाओं को जाना जा सकता है।

शब्दार्थप्रत्ययानामितरेतराध्यासात् संकरस्तत्प्र-
विभागसंयमात् सर्वभूतरुतज्ञानम् ॥ 17 ॥

शब्द, अर्थ और ज्ञान के पारस्परिक अभ्यास से अंतर्मिश्रण हो जाता है इसके विभाग में संयम करने से सभी प्राणियों की भाषाओं का ज्ञान हो जाता है।

शब्द, अर्थ और उसमें अंतरनिहित विचार, ये सब तो एक उलझाव की स्थिति पैदा करते हैं, मन में एक साथ चले आते हैं लेकिन किसी भी शब्द पर संयम साध लेने से पृथकता घटित होती है और तब किसी भी जीव द्वारा निःसृत ध्वनियों के अर्थ का व्यापक बोध घटित होता है। ऐसे में मन के विचार जानना मुश्किल नहीं रह जाता। भाषा क्या है वह मन के विचारों को प्रकट करने का साधन मात्र ही तो है। महर्षि पतंजलि के अनुसार हृदय से सुनने पर न समझ में आने वाली भाषाओं को भी समझा और बोला जा सकता है। आधुनिक युग में ऐसे योगी चाहिये जो इस सूत्र पर खरे उतर कर भाषाओं का ज्ञान पा सकें।

संस्कारों में संयम कर लेने से उनका साक्षात्कार हो जाता है, फिर पूर्वजन्म का ज्ञान हो जाता है।

शब्द और अर्थ, उनमें अन्तर्निहित विचार यह सब तो मन में चलते ही रहते हैं। हर जन्म में मन अपने स्वाभाविक स्वरूप में चंचलता लिये इच्छाओं, तृष्णाओं के पीछे जन्म जन्मान्तरों से भागता चला आया है। यह

अलग बात है कि उसे अपने ही पूर्वजन्म का इस जन्म में कोई भान नहीं है क्योंकि एक ही जन्म के दुख काफी हैं झेलने को तभी तो प्रकृति सहायतास्वरूप सब भुला देती है ताकि हम जी पायें। सभी जन्मों को याद रख तो जिया भी नहीं जा सकता। फिर भी पूर्व जन्मों में झाँक लेने के अपने मायने हैं और यह सम्भव है। महर्षि पतंजलि कहते हैं अतीतागत संस्कार बद्धताओं का आत्म साक्षात्कार कर उन्हें पूरी तरह समझने से पूर्व जन्मों की जानकारी मिल जाती है। एक बार व्यक्ति अपने पूर्व जन्म में झाँक पाये फिर वह व्यक्ति जैसा अब तक था वैसा तो वह कदापि न रहेगा ऐसी स्थिति में वह अपने ही वर्तुल को तोड़ना चाहेगा। उन स्थितियों से बाहर आना चाहेगा। जिन स्थितियों की वह जन्म जन्मान्तरों से पुनरावृत्ति कर रहा है। वही क्रोध, वही लोभ, मन के भुलावे, मन के निहोरे, संसार चक्र, वासनाओं का संसार यह सब कब तक? महर्षि पतंजलि के अनुसार यदि हम पूर्व जन्मों में उतर पायें तो अपनी ही आदतों पर किये गये कर्मों पर हमें आश्चर्य होगा। हर जन्म में हम कर क्या रहे हैं? कितना भोगेंगे संसार भी, कब तक लीला का हिस्सा बने रहेंगे?

जो .अपने पुनर्जन्म को देख लेगा उसके भीतर रूपान्तरण सम्भव है। कहते हैं महर्षि जैगीषव्य ने संस्कारों में संयम रख कर उनका साक्षात्कार कर लिया था फलतः उन्होंने अपने कई पूर्व जन्मों को देख लिया। एक अन्य महर्षि ने एक बार उनसे निवेदन किया कि महर्षि आपने पूर्वजन्मों को देखकर क्या शिक्षा ग्रहण की, कृपा करके हमें भी बतालायें।

जैगीषव्य का कहना था मैंने जो कुछ भी अनुभव किया वह यह कि संसार में बड़ा दुख है, यदि यह कहूँ तो कोई अतिश्योक्ति नहीं होगी कि संसार दुख रूप ही है।

दूसरे महर्षि आवट्य ने पुनः प्रश्न किया - यह जो संसार की तृष्णा त्यागकर आपका अनुत्तम सन्तोष सुख है फिर उसे आप क्या दुख की संज्ञा ही देंगे?

महर्षि जैगीषव्य बोले–विषय सुख की अपेक्षा सन्तोष सुख को अनुत्तम कहा गया है। मगर कैवल्य की अपेक्षा से देखा जाये तब यह भी दुख ही है। यद्यपि संतोष निर्मल, निर्बाध एवम् सर्वप्रिय है परन्तु मोक्ष की अपेक्षा सन्तोष भी दुख ही है।

जीवन में कितना भी भौतिक लाभ पायें, कितना भी इन्द्रियों का सुख भोगें, परन्तु जब इस दुनिया से जाने की घड़ी आती है तो बहिरंग तो खाली ही रहता है। हाँ, अन्तरंग जरूर साथ जाता है। योगी सदैव हंस के समान स्वभाव वाला होता है "साधु ऐसा चाहिये, जैसा सूप सुभाय। सार सार को गहि रहै थोथा देय उड़ाय।।"

संस्कारसाक्षात्करणात्पूर्वजाति ज्ञानम् ॥ 18 ॥

संस्कार के साक्षात् करने से पूर्वजन्म का ज्ञान होता है।

मनुष्य के मन वाणी एवं इन्द्रियों द्वारा किए गए कार्यों के अनुरूप संस्कार निर्मित होते हैं। कुछ संस्कार परोक्ष होते हैं कुछ अपरोक्ष। संस्कारों का साक्षात् करने से पूर्वजन्म की स्मृति होती है। पूर्व जन्म की स्मृति होने से हम अपने संस्कारों में संयम स्थापित कर पाते हें। भारत में प्राचीन काल में ऐसी अनेक ध्यान विधियाँ प्रचलित थीं जो जाति-स्मरणों पर आधारित थी।

महर्षि पतंजलि का यह सूत्र शुद्धिकरण का सूत्र है। जहाँ संसारी व्यक्ति मृगतृष्णा के समान भौतिक सुखों के पीछे विचलित होता है वहीं आध्यात्मिक व्यक्ति इन सूत्रों के माध्यम से अपनी चेतना के ऊर्ध्वगमन का मार्ग प्रशस्त कर लेता है और उसके सभी प्रकार के दुःखों का अंत हो जाता है। ऐसी अवस्था को विदेह, मोक्ष एवं कैवल्य की संज्ञा दी जा सकती है।

प्रत्ययस्य परचित्तज्ञानम् ॥ 19 ॥

अपने चित्त में संयम कर लेने से दूसरे के चित्त का ज्ञान हो जाता है।

बहुत सुन्दर, जो प्रति छवि दूसरे के मन को सदैव घेरे रहती है उसे संयम द्वारा जाना जा सकता है। अपने चित्त में संयम करके दूसरे के मन को पढ़ा जा सकता है। मनोवैज्ञानिक सूत्र है जो योगी स्वयं को बाहरी प्रलोभनो से मुक्त कर अन्तरमुखी हो जाता है और निरन्तर अपने मन को देखता है वह निश्चित रूप से सम्पर्क में आने वाले व्यक्तियों के मन को बेहतर पढ़ सकता है ऐसा महर्षि पतंजलि का मत है।

न च तत्सालम्बनं तस्याविषयीभूतत्वात् ॥ 20 ॥

परंतु वह ज्ञान आलम्बन सहित नहीं होता है, क्योंकि वह साधक के चित्त का विषय नहीं है।

संयम द्वारा आया बोध उन मानसिक तथ्यों का ज्ञान नहीं करवा सकता जो कि दूसरे के मन की छवि प्रति छवि का आधार देते हैं क्योंकि वह बात संयम की विषयवस्तु नहीं होती।

मन की प्रति छवि का आधार भीतर की समझ तो होती है जैसे एक बहू सोचती है कि सास उसे बुद्धिमान मानती है। जबकि सास बहू को बुद्धू मानती है। संयम से देखने वाला कौन किसको क्या मानता और समझता है यह दोनों की छवि, प्रति छवि देखकर पता लगा सकता है। मगर उनका ऐसा मानने का आधार क्या है? वह है उनकी अपनी भीतरी समझ। यह अलग बात है कि अक्सर लोगों को नहीं पता होता कि उनकी भीतर समझ की दिशा ठीक है या गलत। वे स्वयं की आत्मा की आवाज को अपने जीवन में महत्ता देते रहे हैं या उसकी अवहेलना करते रहे हैं। भीतरी समझ और संयम में फर्क है ऐसा महर्षि पतंजलि हमसे कहते हैं।

कायरूपसंयमात्तद्ग्राह्यशक्तिस्तम्भे,
चक्षुः प्रकाशासम्प्रयोगेऽन्तर्धानम् ॥ 21 ॥

शरीर के आकार में संयम हो जाने पर उसकी ग्रहण शक्ति रुक जाती है। इसलिये दूसरे के नेत्रों के प्रकाश का योगी के शरीर से सम्बन्ध नहीं होता। अतः वह अदृश्य हो जाता है।

एक आम इन्सान विचारों की ऐसी भीड़ में जीता चलता है जहाँ उसे अपने भीतर की कोई प्रतिध्वनि सुनाई नहीं देती। योगी वहीं मौन के अन्तराल को, सन्नाटे की आहट को भी सुन पाता है। सन्नाटे की आहट को सुन पाना विस्मय बोधक है। लोग बेखबर-सा जीवन जीते हैं अतः योगी उनके बीच रहकर भी अन्तर्धान रहता है। जरूरी नहीं कि योगी के स्वयं के रिश्तेदार भी उसे समझ पायें और यह भी जरूरी नहीं कि योगी स्वयं को हर स्थान पर प्रकट कर दे। यद्यपि योगी के एवम् ध्यानी के मानदण्ड एक ही होते हैं फिर भी सच्चे शिष्य ही इसे जान पाते हैं। योगी का जीवन अनेक प्रकार के रहस्यों से सराबोर होता है। फिर भी योगी किसी बनावट या दिखावे का पक्षधर नहीं होता। वह अपने ही प्रकाश से प्रकाशित है अतः किसी दूसरे के प्रकाश का प्रभाव भी उस पर पड़ना मुश्किल होता है। योगी क्योंकि अपने भीतर संयम कर लेता है जिसके कारण दूसरे शरीरों के प्रकाश का उससे कोई संयोग स्थापित नहीं होता परोक्ष रूप से, अतः उसे अर्न्तधान होना आता है। योगी को ठीक रूप से पता होता है कि उसे

कहाँ प्रकट होना और कहाँ अप्रकट रहना है। इस प्रकट एवम् अप्रकट होने के खेल को सूक्ष्म रूप से ही समझा जा सकता है। स्थूल रूप से इन्हें समझना, ठोस अन्तस से इन नातों का मूल्यांकन करना नामुमकिन है।

सोपक्रमं निरूपक्रमं च कर्म
तत्संयमादपरान्त ज्ञानमरिष्टेभ्यो वा ॥ 22 ॥

कर्म दो प्रकार का होता है उपक्रम सहित और उपक्रम रहित। उसमें संयम कर लेने पर अथवा अरिष्टों से भी मृत्यु का ज्ञान हो जाता है।

योगी का सौन्दर्य अपूर्व होता है। योग संसार को जागृत दृष्टि से देखने की कला है। होश के भीतर ही कहीं परमात्मा छुपा है जो कि बेहोशी में, अविद्या में खो जाता है। **जीवन बड़ा अनूठा है और परम् हमारे बहुत करीब है।** योग है जीवन की विलक्षणताओं को जानने की विधि।

कर्म के तीन प्रकार होते हैं संचित, प्रारब्ध और क्रियमाण। जन्म-जन्मान्तरों मे किये गये शुभकर्म जो भोग वृत्ति में नहीं आये हैं मन के रूप में संस्कार वृत्ति में जमा हैं यह है संचित कर्म।

जिन कर्मों से शरीर बना है और उनके सुख दुख कर्म जारी हैं ये हैं प्रारब्ध कर्म।

वर्तमान में जो प्रेम पूर्वक शुभ अशुभ कर्म किये जा रहे हैं, आगामी जन्मों में जिनका भोग होगा ऐसे कर्मों को क्रियमाण कर्म कहा जाता है।

जिसका भोग वर्तमान में हो रहा है उन्हें सोपक्रम कहते हैं।

यद्यपि कर्म 'फिलॉसफी' आज के परिवेश में समझ पाना मुश्किल है, फिर भी कुछ सुजागी के इशारे किये जा सकते हैं। जैसे एक गीले कपड़े को यदि हवा में सुखा दिया जाये तो जल्दी सूख जायेगा वहीं उसकी कुछ तह करके ऐसे स्थान पर रख दिया जाये जहाँ हवा आती ही नहीं हो तो भला कब सूखेगा?

सूखी लकड़ियाँ हो और उन्हें हवा मिले तो वह तुरन्त जल जायेंगी वहीं लकड़ियाँ भी गीली हों ओर उन्हें हवा भी न मिले तो भला कैसे अग्नि सुलगेगी?

योगी अपनी सजगता से, होश से जीवन के बाबत, स्वयं के बाबत बहुत कुछ जान सकता है क्योंकि वह उसे देख रहा है जो सबको देखने वाला है। योगी अपने अनित्य शरीर को हरक्षण परिवर्तित होते देखता है यही

कारण है कि वह सतत् मोह माया से सावधान रहता है। योगी हर क्षण आने वाली मृत्यु का स्वागत करने वाला ऐसा वैरागी है कि उसका वैराग्य प्रति पल प्रखर होता जाता है। उसका होश प्रतिपल सधता ही चला जाता है। ऐसा योगी ही वीतरागी है। योगी के पास ऐसी आँख है कि वह वैराग्य में अपनी मुक्तावस्था को देख पाता है।

मैत्र्यादिषु बलानि ॥ 23 ॥

मैत्री आदि में संयम करने से मैत्री आदि की शक्ति प्राप्त होती है।

योग के विद्यार्थी जानते हैं कि मैत्री, करुणा, मुदिता तथा उपेक्षा करने से चित्त शुद्ध होता है।

मित्रता की भावना में धारणा, ध्यान, समाधि, रूप संयम करने से साधक को मित्रता का बल प्राप्त होता है। याद रखें संसार का कल्याण परम् मित्रता के भाव से ही सम्भव है। इसी प्रकार करुणा एवम् मुदिता में संयम करके योगी करुणा सागर एवम् ईर्ष्याशून्य हो जाता है। पवित्र सोच रखने से, पवित्र भावनाओं को मन में स्थान देने से, और पवित्रता की महान शक्ति प्राप्त होने पर चित्त शुद्ध हो जाता है। पवित्रता चित्त शुद्धि का पूर्ण लक्षण है। पवित्र रहते हुए भी निर्लिप्त रहने के लिये एवम् स्वयं के भीतर सब प्रकार के दुखों का अभाव बना रहे ऐसी स्थिति पाने के लिये योग की शिक्षाएँ बड़ी कल्याणकारी हैं। योगी या विवेकवान साधक मित्रता, करुणा, मुदिता विवेक पूर्वक ही करता है, भावुकता से नहीं। सारे सद्‌गुणों का फल ही तो कल्याण के भाव एवम् मुक्तावस्था की प्राप्ति है। योगी को सदैव गलत व्यवहार करने वाले के प्रति उदासीन एवम उपेक्षा के भाव रखने पड़ेंगे, इस शक्ति को साधे बिना योगी का जीवन पूर्ण नहीं होता।

बलेषु हस्तिबलादीनि ॥ 24 ॥

हाथी के बल पर संयम करने से हाथी की सी शक्ति प्राप्त होती है।

व्यक्ति असीम है। वह जैसा सोचता है वैसा बनने लगता है। आज के युग में ज्ञान ही तो है जो योगी की सबसे बड़ी ताकत है। असीम शक्ति होने पर भी हाथी उस शक्ति के अहंकार में चूर नहीं होता, वह

अपनी मस्ती में ही जीता है। महर्षि पतंजलि इस सूत्र के माध्यम से हमें जीवन की कुंजी देते हुए कहते हैं कि सब तुम पर निर्भर है, तुम जैसे चाहो वैसे बन सकते हो। आत्मज्ञानी होने से बड़ी इस दुनिया में कोई नियामत नहीं है। ज्ञान ही हमें सब प्रकार के विघ्नों से मुक्त करता है। यही कारण है कि हमने गणेश को विघ्न निवारण के देवता के रूप में स्वीकार किया है।

प्रवृत्त्यालोकन्यासात्सूक्ष्मव्यवहितविप्रकृष्टज्ञानम् ॥ 25 ॥

ज्ञान के प्रकाश को प्रवर्तित करने से सूक्ष्म का बोध होता है, प्रच्छन्न का और दूरस्थ तत्त्वों का ज्ञान प्राप्त होता है।

जो स्वयं को साध लेता है वह सबको साध लेता है। उसका जीवन के प्रति शिकायत भाव ही मिट जाता है। योग स्वयं को साधने की कला है। स्वयं को साध कर ही हम उसे देख पाते हैं, जो सभी को साधने की कला में निष्णात् है। बस हमें अहंकार के बिना जीना आ जाये। विषय वासनाओं के बन्धनों से मुक्त हो हमें शुद्ध चेतना के साथ रहना आ जाये फिर वह सब जाना जा सकता है जो जानने योग्य है।

भुवनज्ञानं सूर्ये संयमात् ॥ 26 ॥

सूर्य पर संयम करने से संपूर्ण सौर ज्ञान की उपलब्धि होती है।

जो कुछ ब्रह्माण्ड में है वह सब मानव के भीतर भी मौजूद है। ब्रह्माण्ड की अत्यान्तिक इकाई मानव है। सूर्य ब्रह्माण्ड में विद्यमान है और उसी धड़कन को मानव अपने भीतर अनुभूत करता है। मानव के भीतर भी ज्योति है और वह ज्योति उसकी मेधा को प्रकट करने वाली है। उसमें उसके आन्तरिक प्रकाश का पता छुपा है। जो योगी ध्यान की गहनतम अवस्थाओं से गुजरे हैं वे जानते हैं अनन्त सूर्यों से प्रकट होने वाले प्रकाशों के पुञ्ज को। जिसका पता भी योगी को ध्यान की गहनतम अवस्थाओं के मध्य ही मिलता है। बाहर के सूर्य की भांति योगी के भीतर भी सूर्य छुपा है क्योंकि सूर्य ही तो हैं जो अपने ही प्रकाश से प्रकाशमान है। यही कारण है कि सूर्य केन्द्र पर धारणा, ध्यान, समाधि रूपी संयम करने से सभी भुवनों का यानि सात शरीरों का एवम् सात चक्रों का ज्ञान हो जाता है।

चन्द्रे ताराव्यूहज्ञानम् ॥ 27 ॥

चन्द्र पर संयम करने से तारा समुदाय की समग्र व्यवस्था का ज्ञान हो जाता है।

नाभि चक्र से दो इंच नीचे हमारा चन्द्र केन्द्र छठा सेन्टर है। इसे कुण्डलिनी शक्ति का स्थान भी माना गया है। योगी की सारी सम्भावना उसकी कुण्डलिनी में छुपी होती है। चन्द्र केन्द्र पर किये गये संयम के माध्यम से हम स्वयं के बाबत ठीक-ठीक जान पायेंगे। सारी दुनिया को जान लो और स्वयं को न जान पाओ तो सब बेकार है। स्वयं को जान लो फिर किसी को जानने की जरूरत भी नहीं रहेगी। हमारे पास भी जो ऊर्जा है ध्यान के माध्यम से हम उसे रूपान्तरित, परावर्तित कर सकते हैं। ठीक उसी प्रकार जिस प्रकार सूर्य की किरणों को चन्द्रमा परावर्तित कर रोशनी प्रदान करता है मगर यह किरणें शीतल चांदनी में परावर्तित हो चुकी हैं। हम भी अपने शरीर की ऊर्जा को परावर्तित कर उपयोगी बना सकते हैं। स्वयं को एवम् दूसरों को शीतलता प्रदान कर सकते हैं।

ध्रुवे तद्गतिज्ञानम् ॥ 28 ॥

ध्रुव तारों में संयम करने से सभी तारों की गति का ज्ञान हो जाता है।

ध्रुव तारा स्थिर होने से स्थित प्रज्ञता का प्रतीक है। हमारे भीतर भी एक ध्रुव तारा है वह हमारा अपना वास्तविक स्वरूप है जिसे साक्षी भाव के माध्यम से जाना जा सकता है। हम अपने स्वयं के होने के साक्षी हैं और चौबीस घण्टे साक्षी रहते हैं। ध्रुव तारे के समान साक्षी की साधना में लगे साधक सदैव अपने मन का निरीक्षण करते हैं क्योंकि सारी गतिशीलता का केन्द्र हमारा मन है। मन में उठने वाली हलचलें हमारे जन्म जन्मान्तर के स्वभाव को प्रकट करने वाली हैं।

नाभिचक्रे कायव्यूहज्ञानम् ॥ 29 ॥

नाभि चक्र पर संयम संपन्न करने से शरीर की संपूर्ण संरचना का ज्ञान प्राप्त होता है।

नाभि केन्द्र को जान लेने से हम अपने शरीर की सम्पूर्ण कार्य व्यवस्था को जान सकते हैं। आत्मरूपान्तरण भी तभी सम्भव है जब हम अपने भीतर उठने वाले भावों को ठीक प्रकार से समझ पायें। अपने शरीर को ठीक रूप से जान समझ कर हम अपने शरीर के साथ भी अन्यायपूर्ण व्यवहार नहीं कर सकते वरन् उसे परम् का मन्दिर मान उसकी देखरेख करते हैं। नाभि चक्र में ध्यान मात्र करने से हमें शरीर की प्रक्रियाओं की पर्याप्त जानकारी मिलती है। ऐसा महर्षि का निवेदन है।

कण्ठकूपे क्षुत्पिपासानिवृत्तिः ॥ 30 ॥

कंठ पर संयम करने से क्षुधा पिपासा की अनुभूतियाँ क्षीण हो जाती हैं।

कंठ पर संयम लाकर लम्बे समय तक उपवास किया जा सकता है इसका सबसे बड़ा उद्धरण भगवान महावीर हैं। वे कई बार तीन चार महीने निरन्तर उपवास रख पाते थे। उन्होंने 12 वर्षों में लगभग 11 वर्ष उपवास में रहकर ही बिताये। आम आदमी के लिये यह सम्भव नहीं लेकिन निश्चित रूप से योग के कुछ रहस्य हैं और ये ही कारण योगी को रहस्यदर्शी बना देते हैं।

कूर्मनाडयां स्थैर्यम् ॥ 31 ॥

कूर्म नाड़ी में संयम करने से स्थिरता की प्राप्ति होती है।

जब भी हम हृदय चक्र पर अपने दोनों हाथ रखकर आँखें बन्द कर मूर्तिवत् खड़े रहते हैं या किसी स्थान पर बैठ जाते हैं, तुरन्त विश्रान्ति को अनुभूत करते हैं और यह भी 'फील' करते हैं कि हमारी मस्तिष्क में प्रवाहित होने वाली ऊर्जा अब हृदय चक्र तक प्रवाहमान है। जिसके कारण हम अपने भीतर एक खुलापन अनुभूत करते हैं। जरा से स्थिर होने से हमारा जगत् को देखने का नजरिया ही बदल जाता है।

मूर्धज्योतिषि सिद्धदर्शनम् ॥ 32 ॥

सिर के शीर्ष भाग के नीचे की ज्योति पर संयम केन्द्रित करने से समस्त सिद्धों के अस्तित्व से जुड़ने की क्षमता मिल जाती है।

योग एक साधारण इन्सान के भीतर भी परमात्मा को प्रकट करने की ताकत रखता है जो कि प्राणी मात्र की गरिमा एवम् देशना का प्रतीक है। योग ने मानव की सात परतें खोजी हैं, उन्हें हम मानव के सात शरीरों की भी संज्ञा दे सकते हैं। ये सात केन्द्र मानव विकास के ऐसे सोपान हैं जो योग को सम्पूर्ण विज्ञान की श्रेणी में रखने में सक्षम हैं। सच यह है कि योग ने प्राणीमात्र की समस्त पराकाष्ठा को, उसके गौरव को उसकी प्रतिभा को और मानव की हर प्रकार की श्रेष्ठता को निखारने में अपना अभूतपूर्व योगदान दिया है।

योग में मूलाधार केन्द्र को जहाँ चार पंखुड़ियाँ वाला लाल कमल माना है ये चार पंखुड़ियाँ चारों दिशाओं का प्रतिनिधित्व करती हैं वहीं सहस्त्रार चक्र को हजार पंखुड़ियों वाले कमल की संज्ञा दी गई है जिसके रंग इन्द्रधनुषी हैं। यह कमल उलटा लटका हुआ है लेकिन जब यह ऊर्जा से ओतप्रोत हो जाता है तब इसकी आभा हजार पंखुड़ियों के रंगबिरंगे कमल के रूप में निखर जाती है। अपनी पूरी समग्रता के साथ इस खिले कमल का प्रकाश अनन्त सूर्यों एवम् चन्द्रों के प्रकाश से भी अधिक देदीप्यमान है। योग के माध्यम से इन प्रतीकों का उपयोग कर किस परम् आनन्द की बात कही जा रही है और यह परम् आनन्द कैसा होगा इसकी कुछ कल्पना तो आज का प्रत्येक बुद्धिजीवी कर सकता है। उसी अवस्था को योगी ध्यान के माध्यम से अनुभूत कर सकता है।

प्रातिभाद्वा सर्वम् ॥ 33 ॥

प्रतिभा ज्ञान से सब कुछ जाना जा सकता है।

प्रतिभा असीम है। योगी ठीक रूप से अपनी प्रतिभा को पहचान पाये यह योग के माध्यम से फलित होता है।

मानव ही तो अस्तित्व के विकास का प्रकट होने का अपना ढंग है।

प्रतिभा बुद्धि, विश्लेषण, तर्क के परे की स्थिति है जिसमें बोध की सम्भावना समाहित है। प्रतिभा बुद्धि और अन्तरबोध के पार की अवस्था है। प्रतिभा से युक्त योगी ही सर्वत्र सर्वव्यापी हो जाता है। प्रतिभा में अतीत, वर्तमान, भविष्य को एक साथ प्रकट करने की क्षमता है। महर्षि पतंजलि के अनुसार प्रतिभा द्वारा समस्त वस्तुओं का बोध मिल जाता है। समस्त समस्याओं का समाधान हो जाता है। सच पूछें तो अपने काम केन्द्र की ऊर्जा

को दिव्यता की तरफ ले जाना यानि सहस्त्रार चक्र तक ले जाना प्रतिभा है। ऐसा होने पर धरती ईश्वरीय गुणों से स्वतः ही सम्प्रेषित हो जाती है।

हृदये चित्तसंवित् ॥ 34 ॥

हृदय में संयम करने से चित्त का ज्ञान हो जाता है।

हृदय भाव केन्द्रित है। भावानाओं के आधार पर हमें हमारे चित्त की जानकारी मिलती है। चित्त पर संयम करने से हमें अपने अन्तरमुखी स्वरूप का भान होता है। यह बड़ी वैज्ञानिक प्रक्रिया है। जीवन की सब प्रकार की उलझनों से बाहर आने के लिये और परमार्थ की कमाई के लिये भी हमें अपने चित्त को समझना पड़ेगा। निश्चित तौर पर सत्संग ही परमार्थ की कमाई है। जो अपने चित्त को समझ कर उसे निर्मल कर पाता है, शुद्ध कर पाता है, वह धन्यभागी कृतार्थ हो जाता है। योगी को अपने हृदय चक्र पर संयम करना चाहिये।

सत्त्वपुरुषयोरत्यन्तासंकीर्णयोः प्रत्ययाविशेषो भोगः परार्थान्यस्वार्थसंयमात्पुरुषज्ञानम् ॥ 35 ॥

बुद्धि और चेतना सर्वथा भिन्न हैं, इनको एक समझना भोग है, परार्थ बुद्धि से भिन्न स्वार्थ बुद्धि में संयम करने से पुरुष का ज्ञान होता है।

योगी एकान्त वास करता है, स्वयं के साथ पूर्णता से रहता है, विवेक, वैराग्य ओर एकान्त उसे पसन्द है। महर्षि पतंजलि कहते हैं बुद्धि और चेतना सर्वथा भिन्न है। जिस क्षण हम शरीर के साथ तादात्म्य स्थापित करते हैं उसी क्षण हम कर्त्ता हो जाते हैं और कर्ता होने से साक्षी खो जाता है फिर भी विवेक से वापस हम अपने घर लौट सकते हैं। साक्षी होने से ही बुद्धि और चेतना की भिन्नता बनी रहती है। स्वार्थ का शाब्दिक अर्थ है जो स्व से अर्थ रखता है वह परम् ज्ञान तक पहुँच ही जाता है।

ततः प्रातिभश्रावणवेदनादर्शास्वादवार्ता जायन्ते ॥ 36 ॥

इसके पश्चात् अंतरबोध युक्त श्रवण, स्पर्श, दृष्टि आस्वाद और आघ्राण की उपलब्धि फलित होती है।

मन बाहर एवं भीतर के जगत से तादात्म्य स्थापित करता है। जिससे शब्द, रस, रूप, स्पर्श तथा गंध को जानते हैं। मनुष्य श्रोत्र, त्वचा, नेत्र, जिव्हा और घ्राण शक्ति रखता है। कभी कभी मानव को कुछ सिद्धियाँ भी मिलती हैं जो कि निम्नांकित हैं:-

1. **प्रतिभा**–जानने वाले को जान लेना। (मन)
2. **श्रवण ज्ञान**–(श्रोत्र) देवताओं के सुनने योग्ग दिव्य शब्दों का सुनायी देना।
3. **वेदन ज्ञान**–उसे देवताओं के भोगने योग्य दिव्य स्पर्श की अनुभूति होती है।
4. **आदर्श ज्ञान**–देवताओं को देखने योग्य रूप के दर्शन होते हैं।
5. **आस्वाद ज्ञान**–देवताओं के भोगने योग्य दिव्य रस का अनुभव।
6. **घ्राण-शक्तिज्ञान**–देवताओं के सूँघने योग्य दिव्य गंध का ज्ञान होता है।

ते समाधावुपसर्गा व्युत्थाने सिद्धयः ॥ 37 ॥

ये सिद्धियाँ समाधि में विघ्न हैं किन्तु व्युत्थान में सिद्धियाँ हैं।

प्रतिभा, श्रवणा, वेदन, आदर्श, आस्वाद तथा वार्ता की छह सिद्धियाँ बतलाई गयी हैं। सभी प्रकार की सिद्धियों को समाधि मार्ग में बाधक माना गया है।

बन्धकारणशैथिल्यात्प्रचारसंवेदनाच्च
चित्तस्य परशरीरावेशः ॥ 38 ॥

बन्धन के कारण शिथिल पड़ना और संवेदन ऊर्जा भरी प्रवाहिनियों को जानना, उनको मन के पार शरीर में प्रवेश करने देता है।

शरीरों के साथ शरीरों का तादात्म्य बन्धन है। जिन शरीरों को पसन्द किया जाता है उनसे शरीर सम्मत व्यवहार किया जाता है। अब उन शरीरों के साथ वैसा व्यवहार करना मुश्किल होगा जहाँ हम यह मानकर चलते हैं कि हम शरीर नहीं है। मानवों का संसार तो मन के अनुरूप है। शरीरों की पसन्दगी के पीछे छुपी है कामवासना। यदि हम कामवासना की पूर्ति हेतु

शरीरों के संग है तो ये कीड़े-मकोड़ों की जिन्दगी है क्योंकि जब तक ऊर्जा सहस्त्रार चक्र तक नहीं पहुँचती, समझो अभी हमें परिष्कृत पद से जीना नहीं आया। योगी के पंख नहीं खुले। योगी परम् हंस के समान मुक्त गगन में विचरण ही तभी करता है जब उसकी ऊर्जा सहस्त्रार चक्र तक प्रवाहित हो। जब योगी अस्तित्व की परम् ऊँचाई को उसकी पावनता, पुनीतता को छू ले। यह सम्भव है योग के माध्यम से। हम अपनी पाशविक ऊर्जा को ईश्वरीय गुणों में रूपान्तरित कर सकते हैं और सूक्ष्म जगत में प्रवेश कर कई शरीरों के बन्धनों को काट सकते हैं। काश हम शरीर को नहीं, शरीर की चेतना को छू पायें। हमारा स्पर्श वासना का नहीं वरन् दिव्यता का प्रतीक बन जाये। योगी को चित्त की गति का ज्ञान हो जाता है तभी तो वह शरीर में प्रविष्ट हो चेतना को छू पाता है और याद रखें शरीर के तल के रिश्ते उतने गहरे नहीं होते जितने चेतना के तल के होते हैं। चेतना के रिश्ते पुनीत भी हैं, पावन भी हैं, दिव्य भी हैं और ईश्वरीय शक्तियों से ओत-प्रोत भी हैं। सब प्रकार के शरीर के बन्धनों से मुक्त भी हैं।

उदानजयाज्जलपङ्‌कण्टकादिष्वसङ्ग‌उत्क्रान्तिश्च ॥ 39 ॥

उड़ान वायु पर विजय प्राप्त कर लेने पर योगी जल, कीचड़, कांटे अदि पर चलते हुए उनसे अछूता रहता है और वह ऊपर आकाश में भी उड़ सकता है।

मानव के भीतर प्राण, अपान, समान, व्यान और उदान ये पाँच तरह की वायु है और धनंजय, कूर्म, कृकलस, नाम तथा देवदत्त ब्रह्मांड यह भी पांच वायु के प्रकार हैं। कहते हैं इन पर विजय और संयम कर लेने पर व्यक्ति गुरुत्वाकर्षण के नियम से बाहर हो जाता है। ऐसी स्थिति में योगी नदी, तालाब, समुद्र आदि पर चल सकता है और वह पानी, कीचड़, दलदल में नहीं फँसेगा। ध्यान के दौरान भी योगी हल्केपन को अनुभूत करते हैं। कभी-कभी उसका सूक्ष्म शरीर हवा में विचरण करता है। अधिक गहन अवस्था में स्थूल शरीर भी गुरुत्वाकर्षण के नियम से मुक्त हो जाता है। ऐसा अनेक ऋषि-मुनियों के साथ घटित होता है। इसमें कोई आश्यर्च नहीं पूर्व में इन बातों की बड़ी मान्यता है। वैसे ध्यान के माध्यम से व्यक्ति स्वयं के तनावों से भी तो निर्भार ही होता है। तनाव मुक्ति भी तो एक प्रकार का

हल्कापन ही है। यह एक स्थूल घटना है। चमत्कारिक लगने वाली घटनाएँ सूक्ष्म हैं। महर्षि पतंजलि कहते हैं वह उनका अनुभूत सत्य है।

समानजयाज्ज्वलनम् ॥ 40 ॥

समान पर संयम कर लेने पर योगी अपनी जठराग्नि को प्रदीप्त कर लेता है।

ऐसी स्थिति में योगी भोजन को आसानी से पचा पाता है। जठराग्नि के प्रज्जवलित होने से योगी का शरीर जीवन्त हो जाता है और उसके आभामण्डल से नूर टपकता है। जठराग्नि पूरे शरीर को शुद्ध करने में सहयोगी होती है। वह भीतर के कूड़े-कचरे को एवम् सब प्रकार की अशुद्धियों का नाश करने वाली है। ऐसा होने पर योगी का शरीर निर्विकार होकर चमकने लगता है।

श्रोत्राकाशयोः सम्बन्धसंयमाद् दिव्यं श्रोत्रम् ॥ 41 ॥

श्रोत्र और आकाश के संबंध में संयम कर लेने से श्रोत्र दिव्य हो जाते हैं।

आकाश और कान के बीच संबंध पर संयम ले आने से परा-भौतिक श्रवण उपलब्ध हो जाता है। ऐसी स्थिति में कान दिव्य हो जाते हैं। श्रवण शक्ति के दिव्य हो जाने पर सूक्ष्म और दूरस्त क्षेत्रों की आवाजें योगी श्रवण कर पाता है। योगी की स्मरणशक्ति, दृष्टिशक्ति, घ्राणशक्ति, अलौकिक रूप से प्रकट हो जाती है।

कायाकाशयोः सम्बन्धसंयमाल्लघुतूल समापत्तेश्चाकाशगमनम् ॥ 42 ॥

शरीर और आकाश के संबंध पर संयम ले आने से और साथ ही भार-विहीन चीजों जैसे रुई आदि से अपना तादात्म्य बना लेने से योगी आकाशगामी हो सकता है।

कान तो अस्तित्व ने बनाये ही ऐसे हैं जो आकाश से जुड़े हैं। महर्षि पतंजलि कहते हैं कि यदि कान एक विशेष समरसता को पा लें तो वह जो कुछ भी सुनना चाहेंगे वह सुन पायेंगे। सॉथ ही उन विचारों को भी सुना जा सकता है जो विचार बुद्ध, महावीर के मुख से अवतरित हुए थे। जो कुछ

भी घटित होता है यह रहस्यमयी अस्तित्व उसे 'रिकार्ड' कर लेता है। सामान्य जीवन में व्यक्ति चार लोगों से ठीक प्रकार सम्बन्ध स्थापित नहीं कर पाता वहीं योगी हजारों लोगों के साथ तादात्म्य स्थापित कर सकता है और प्रत्येक उसे समग्रता से अनुभव कर सकता है। यह सब योग द्वारा सम्भव है। योग तोड़ता नहीं, जोड़ता है।

बहिरकल्पिता वृत्तिर्महाविदेहा ततः प्रकाशावरणक्षयः ॥ 43 ॥

चेतना के आयाम को संस्पर्शित करने की शक्ति मनस शरीर के परे है, अतः अकल्पनीय है महाविदेह कहलाती है। इस शक्ति के द्वारा अंधकार पर छाया हुआ आवरण हट जाता है।

योग पाँच शरीर, पाँच महाभूत और पाँच ऊर्जा केन्द्र और दो सेतु में विश्वास रखता है। इस सम्पूर्ण ढांचे के पीछे योगियों का प्रयास है कि हर कहीं संयम आये ताकि हर कोई स्वयं के प्रकाश से, दिव्य गुणों से, परमात्मा के प्रेम से ओत-प्रोत हो जाये, आत्मज्ञान को उपलब्ध हो जाये।

स्थूलस्वरूपसूक्ष्मान्वयार्थवत्त्वसंयमाद् भूतजयः ॥ 44 ॥

उनके स्थूल, सतत्, सूक्ष्म, सर्वव्यापी और क्रियाशील स्वरूप पर संपन्न हुआ संयम पंचभूतों, पांच तत्त्वों पर आधिपत्य ले आता है।

जो योगी साक्षीभाव के सच्चे स्वरूप को जान जाते हैं फिर स्वयं को कहीं एकाग्र करते हैं या किसी पदार्थ पर संयम साधते हैं तो योगी बहुत कुछ प्रकट या लुप्त कर सकता है। ऐसे में योगी वस्तुओं को मूर्तमान और अमूर्त्तमान करने में भी सहायक हो सकता है।

ततोऽणिमादिप्रादुर्भावः कायसंपत्तद्धर्मानभिघातश्च ॥ 45 ॥

इसके उपरांत अणिमा आदि, देह की संपूर्णता और देह को बाधित करने वाले तत्त्वों के निर्मूलन की उपलब्धि प्राप्त होती है।

आठ ऐसी सिद्धियाँ हैं जिन्हें योगियों की आठ शक्तियाँ माना गया है। अणिमा, लघिमा, महिमा, गरिमा, प्राप्ति, प्राकाम्य, वाशित्व तथा ईशित्व।

शरीर को छोटा बना लेना, शरीर को बड़ा कर लेना, शरीर को हल्का कर लेना, उसे पर्वताकार कर लेना, उसे वजनदार बना लेना, अपनी अंगुलि के अग्र भाग से चन्द्रमा को छू लेना, भूमि में प्रवेश कर जाना, भूत और भौतिक पदार्थों को अपने वश में कर लेना, मूर्त अमूर्त रूप देना या विलुप्त हो जाना। ये सब योग द्वारा सम्भव है।

रूपलावण्यबलवज्रसंहननत्वानि कायसम्पत् ॥ 46 ॥

रूप, लावण्य, बल, वज्र की सी बनावट शरीर की सम्पदा कहलाती है।

ये सभी मिलकर सम्पूर्ण देह का निर्माण करते हैं। सौन्दर्य के अपने मायने हैं। फिर वह बाहरी हो या आन्तरिक, दोनों रूप से सुन्दर होना सोने में सुहागा है। लावण्य के बिना व्यक्तित्व में पूर्णता नहीं झलकती और शक्ति योगी के जीवन का आधार है। योगी को कभी वज्र के समान कठोर भी होना होता है तो कभी नारी से भी कहीं अधिक कोमल। ये सब गुण ही योगी के पांचों शरीरों को विकसित करते हैं। विपरीत आयाम हैं त्रिगुणमयी सत्ता के, ऐसा ही अनूठा योग है। विभिन्न प्रकार की शक्तियों से ओत-प्रोत। विभूति का अर्थ भी शक्ति ही है।

ग्रहणस्वरूपास्मितान्वयार्थवत्त्वसंयमादिन्द्रियजयः ॥ 47 ॥

उनकी बोध की शक्ति, वास्तविक स्वरूप, अस्मिता, सर्वव्यापकता और क्रियाकलापों पर संयम साधने से ज्ञानेन्द्रियों पर स्वामित्व उपलब्ध हो जाता है।

योगी की इन्द्रियाँ बड़ी संवेदनशील होती हैं, जबकि आम मानव अपनी संवेदनशीलता को भुला चुका है। ध्यान साधक को संवेदनशील बनाता है। प्रत्येक मानव की इन्द्रियाँ ग्रहणशील होती हैं रूप, रस, गंध, स्पर्श और स्वाद की उनकी अपनी क्षमताएँ होती हैं, जिन्हें विकसित भी किया जा सकता है। इन्द्रियों के कर्म मात्र के मूल में अस्मिता है। ये इन्द्रियाँ त्रिगुणमयी सत्ता से प्रभावित रहती हैं उन्हीं के अनुरूप इनके गुण-दोष होते हैं। इन्द्रियाँ ही जहाँ संसारी का भोग का मार्ग प्रशस्त करती हैं, वहीं योगी का मोक्ष का मार्ग प्रशस्त करती हैं। योगी इन्द्रियों पर संयम स्थापित कर इन्द्रियों का गुलाम नहीं रहता वरन् उनका स्वामी हो जाता है। यही योगी की पहचान है।

ततो मनोजवित्वं विकरणभावः प्रधानजयश्च ॥ 48 ॥

इसके उपरांत देह के उपयोग के बिना ही तत्क्षण बोध और प्रधान पौद्गलिक जगत पर पूर्ण स्वामित्व उपलब्ध हो जाता है।

मन वेगवान है क्षण के सौवें हिस्से से भी पहले वह ब्रह्माण्ड का चक्कर लगाकर आ सकता है। उसी मन का उपयोग कर योगी दूरदराज के दृश्यों को देख सकता है, वाणी को सुन सकता है, यहाँ तक कि वह प्रकृति के खेल का रुख बदल सकता है और पाशविक वृत्तियों को तिरोहित कर इस जगत को दिव्य शक्तियों से ओत-प्रोत करने की क्षमता योगियों में ही तो है। योगी ही तो इस जगत् के परम् मित्र हैं।

सत्त्वपुरुषान्यताख्यातिमात्रस्य सर्वभावाधिष्ठातृत्वं सर्वज्ञातृत्वं च ॥ 49। ।

बुद्धि और चेतन पुरुष की भिन्नता का ज्ञान होने मात्र से सर्व भावों पर अधिकार तथा सर्वज्ञता की प्राप्ति हो जाती है।

महर्षि पतंजलि की नजरों में वैराग्य स्वयं की मालकियत का आधार है। वैराग्य के बिना संसार के बन्धनों से मुक्त नहीं हुआ जा सकेता और जब तक सांसारिक बन्धन है पौद्लिग जगत से मुक्ति कहाँ? आधिपत्य की भाषा योगी की है ही नहीं। रहस्यदर्शिता भी बड़ी भिन्न अवस्था होती है। असंग मुक्तावस्था। सत्त्व और पुरुष के रूप में बुद्धिमत्ता और जागरूकता के मध्य जो सूक्ष्म भेद है उसे जानना है तब हम विस्मय से भरे जगत् के रोमांच को आत्मसात् कर पायेंगे। यही योग तो परम् के मिलन की दीवानगी है। यही योगी की परम् मुक्तावस्था है।

तद्वैराग्यादपि दोषबीजक्षये कैवल्यम् ॥ 50 ॥

वैराग्य होने पर दोष बीजों का नाश हो जाने पर कैवल्य उपलब्ध होता है।

आसक्ति संसार का द्वार है वहीं अनासक्ति अस्तित्व का प्रेम। योगी अनासक्त है यही कारण है कि वह अस्तित्व के प्रेम से ओत-प्रोत है, भरा-तरा है, समग्र जीवन्तता का प्रतीक है। कैवल्य अवस्था को पा लेने से

वह सारे अस्तित्व के लिये वरदान है। उसके आशीष संसारियों के लिये बरसते रहते हैं। उसके आशीषों में ईश्वरीय गुण समाहित हैं। योगी दिव्य प्रेम की पराकाष्ठा का प्रतीक है। वैराग्य की परिपूर्ण अवस्था से ही साधक कैवल्य दशा में स्थित होता है, यही जीवन की सर्वोच्च उपलब्धि है।

स्थान्युपनिमन्त्रणे सङ्गस्मयाकरणं पुनरनिष्टप्रसङ्गात् ॥ 51 ॥

बडे-बड़े स्थान के अधीश्वरों द्वारा सादर निमंत्रण देने पर भी साधक को न उसमें आसक्ति करना चाहिये और न अहंकार; क्योंकि यह अशुभ के पुनर्जीवन की संभावना लेकर आयेगा।

संसार में ही अनासक्त होना कठिन है फिर आध्यात्मिक संसार में तो अनासक्त होना और भी कठिन है। परिवार तो परिवार है–योगी का आध्यात्मिक जगत् तो महापरिवार है। साधक यदि घर परिवार के समान राग-द्वेष के रिश्ते आश्रम में भी बना ले या वैसे ही रिश्तों में जीता चला जाये जिन रिश्तों में राग-द्वेष के साथ जीने का वह आदी है तो न तो उसकी आसक्ति छूटी और न ही अहंकार फिर भला ऐसी अवस्था संसार चक्र से मुक्ति की अवस्था कैसे हो सकती है?

क्षणतत्क्रमयोः संयमाद्विवेकजं ज्ञानम् ॥ 52 ॥

क्षण और उसके क्रम में संयम करने से विवेकजनित ज्ञान उत्पन्न होता है।

यदि कोई समय को जान ले तो वह जीवन को जान लेगा। यदि कोई समय के पार चला जाय तो वह जीवन-मृत्यु के बाहर हो जायेगा, फिर कोई भूत-भविष्य भी नहीं बचेगा। समय को देखने की हमारी सीमाएँ हैं। जीवन और मृत्यु के मध्य रहकर जब समय को देखा जाता है तो पूर्ण समय को नहीं देखा जा सकता और समय को विभाजित करके देखने का तात्पर्य ही यह है कि अभी हम खण्ड-खण्ड जी रहे हैं अन्यथा समय को विभाजित नहीं किया जा सकता। हाँ, ध्यान के माध्यम से समयातीत हुआ जा सकता है। संयम रखकर समता भाव में जीना और संयम रखकर समयातीत होने में बड़ा फर्क है। समयातीत होना विवेकजनित ज्ञान है।

जातिलक्षणदेशैरन्यतानवच्छेदात् तुल्ययोस्ततः प्रतिपत्तिः ॥ 53 ॥

इससे वर्ग, चरित्र या स्थान से न पहचाने जा सकने वाली समान वस्तुओं में विभेद की योग्यता आती है।

परम् को जान लेना ही वास्तविक ज्ञान है फिर संसार को वैसे ही नहीं देख पाओगे जैसे कि आज तक देखते आ रहे हो। ऊँच नीच के आधार से, जाति-पांति के आधार से, तेरापंथी, दिगम्बर -श्वेताम्बर के आधार से, शिखर जी या पालिताना के आधार से, काशी या काबे के आधार से, फिर तो देखने के मायने बदल जायेंगे और यदि देखने के मायने न बदलें तो यह मत समझ लेना कि आत्मज्ञान हो गया है नहीं तो स्वयं को धोखा दे दोगे।

तारकं सर्वविषयं सर्वथाविषयमक्रमं चेति विवेकजं ज्ञानम् ॥ 54 ॥

विवेकजन्य ज्ञान संसार-सागर से तारने वाला है। इतना ही नहीं, वह सभी विषयों को सब प्रकार से बिना क्रम के जानने वाला है।

योग न विज्ञान में समाता है न धर्म में। यह साधक को विवेकजन्य बना उसे भवसागर से तारने वाला है, यह परम् का स्पर्श करवाने वाला है और योगी को अस्तित्व के रहस्यों से सराबोर भी करता है। यही है योग का परम् संश्लेषण जहाँ योगी अस्तित्व की समस्त शक्तियों को अपने भीतर समाहित किये दिव्य रूप से अपनी सम्पूर्ण समग्रता के साथ प्रकट होता है।

सत्त्वपुरुषयोः शुद्धिसाम्ये कैवल्यमिति ॥ 55 ॥

चित्त और पुरुष की शुद्धि समान होने पर कैवल्य होता है।

छान्दोग्य उपनिषद् की एक प्यारी कथा है। महर्षि उद्दालक अपने पुत्र से बोले- वटवृक्ष से मेरे लिये एक फल तोड़ कर ले आओ। ऐसा सुन महर्षि उद्दालक के पुत्र श्वेतकेतु अपने पिता के लिये फल तोड़ लाये। उद्दालक ने फल को तोड़ने के लिये कहा। श्वेतकेतु ने वैसा ही किया महर्षि उद्दालक ने पूछा इस फल के मध्य तुम्हें क्या दिखाई दे रहा है? श्वेतकेतु ने कहा असंख्य बीज दिखाई दे रहे हैं ऋषिवर! महर्षि उद्दालक बोले अब एक बीज को तोड़ो और देखों उसके मध्य क्या है?कुछ भी नहीं श्वेतकेतु का उत्तर था। महर्षि उद्दालक बोले मगर इस छोटे से बीज में वह वृक्ष

समाहित है यह अलग बात है कि अभी दिखाई नहीं दे रहा। शून्यता से बीज आता है, बीज से वटवृक्ष जन्म लेता है, वृक्ष में फल लगते हैं और असंख्य बीज पनपते हैं फिर भी आधार शून्यता है। शून्य के प्रति विश्वास ही तो परम् के प्रति विश्वास है। शून्य के प्रति समर्पण ही तो ईश्वर के प्रति समर्पण है, फिर भी योगी के जीवन में भिन्न-भिन्न अवस्थाएँ आती हैं। वैखरी अवस्था में संशय पनपते हैं तो मध्यमा अवस्था में योगी अस्तित्व के नजदीक आता है, फिर पश्यन्ती अवस्था आती है जब योगी अब तक की साधना का अवलोकन करता है फिर तत्वमसि की अवस्था भी आती है। महर्षि उद्दालक ने अपने पुत्र श्वेतकेतु से कहा कि तुम वही हो, कैवल्य शून्य के रूप। वही तत्त्व तुममे है जो मुझमें है श्वेतकेतु! ●

चौथा प्रकरण

कैवल्यपाद

जन्मौषधिमन्त्रतपः समाधिजाः सिद्धयः ॥ 1 ॥

सिद्धियाँ जन्म से, औषधियों से, मंत्रों से, तपस्याओं से, और समाधि से भी प्रकट होती है।

कुछ हैं जो जन्म से ही उपलब्ध होते हैं। सनातन परंपरा में ऐसे महानुभावों को अवतार माना गया है। कुछ है जो तपश्चर्या के माध्यम से उपलब्ध होते हैं। श्रमण परम्परा में ऐसे महर्षियों को तीर्थंकर कहा गया है। इसके अलावा औषधियों, मंत्रों के माधयम से भी शरीर का शुद्धिकरण कर स्वास्थ्य प्रदान किया जा सकता है। साथ ही अमन की अवस्था में साधक की जागृति बढ़ती जाती है, साधक अपनी अविद्या के प्रति सजग होता है। अपनी सजगता के कारण अविद्या का शिकार नहीं होता और अनेक प्रकार की सिद्धियों को उपलब्ध हो जाता है। प्रत्येक व्यक्ति के पास अनन्त असीम शक्तियाँ है। परम् के अनुभव को उपलब्ध होने की क्षमता प्रत्येक व्यक्ति को उपलब्ध है। हम अपने अज्ञान के कारण ही उस परम् अवस्था को देख नहीं पाते।

जात्यन्तरपरिणामः प्रकृत्यापूरात् ॥ 2 ॥

एक वर्ग, एक प्रजाति या वर्ण से अन्य में रूपान्तरण, प्राकृतिक प्रवृत्तियों या क्षमताओं के अतिरिक्त होता है।

मानव स्वयं के साथ छल कर सकता है मगर परम् के साथ, सत्य के साथ छल नहीं किया जा सकता। मानव स्वयं को धोखा दे सकता है यह भी समझ सकता है कि मैंने किसी दूसरे को धोखा दे दिया मगर मन के भुलावों और छलावों के जाल से ही तो रूपान्तरण सम्भव नहीं है। फिर भी

सत्य के पिपासु सत्य को पा लेते हैं ऐसा होने पर ही रूपान्तरण सम्भव है। प्रत्येक जीवित प्राणी रूपान्तरण का हकदार है। स्वयं की अवस्था को ठीक रूप से जान लेने से भी रूपान्तरण या आत्मज्ञान फलित होता है।

निमित्तमप्रयोजकं प्रकृतीनां वरणभेदस्तु ततः क्षेत्रिकवत् ॥ 3 ॥

आकस्मिक कारक प्राकृतिक प्रवृत्तियों को सक्रिय होने के लिए प्रेरित नहीं करता, यह तो बस अवरोधों को हटा देता है- जैसे खेत सींचता हुआ किसान, वह बाधाओं को हटा देता है और तब पानी स्वतः ही मुक्त होकर प्रवाहित होने लगता है।

मानव सम्मोहन में जीता है। धर्म, जाति, सम्प्रदाय के और ऐसी स्थिति में वह मानवता का धरातल खो देता है और मानवता के धरातल पर आए बिना सत्य समग्र रूपेण दिखाई नहीं देता। अन्यथा तो साधक भी मैं मेरा, तू तेरा, मेरा सद्गुरु और तेरा सद्गुरु के चक्कर में उलझ कर रह जाता है। ऐसी सम्मोहन की अवस्था में स्वयं का साधना मार्ग एवम् सद्गुरु तो दिव्य दिखाई पड़ते हैं। मगर उतना ही सम्मान व्यक्ति अन्य सद्गुरुओं और दूसरे सम्प्रदायों को नहीं दे पाता। ऐसी अवस्था में बहुत से साधक आत्म कल्याण के मार्ग से अवरुद्ध होकर आत्म सम्मोहन के शिकार हो जाते हैं और तत्वमसि के मूल मंत्र को खो देते हैं। ऐसे गहरे एवं अच्छे साधकों का भी अपने प्रामाणिक अस्तित्व को पाना असम्भव हो जाता है। वे जीवन पर्यन्त स्वयं को भूलकर संसार की लीला में ही भटकते रहते हैं। मन किस प्रकार अटकाव, भटकाव, भुलावे, छलावों का जाल बिछाता है और स्वयं का ही आध्यात्मिक मार्ग अवरुद्ध कर लेता है। जैसे किसान खेत में बीज डालने से पहले हल जोतता है और सभी प्रकार के झाड़ झंकार हटा देता है ताकि उसे अच्छी फसल मिल सके। वह समय पर अपने खेत की सिंचाई भी करता है और जागरूकता के साथ में उगने वाले झाड़-झंकार को भी हटाता चलता है ताकि उसकी सम्पूर्ण फसल की सिंचाई हो सके। ऐसे ही साधक को भी साक्षीत्व भाव के साथ अपनी आध्यात्मिक यात्रा पर बिना किसी उलझाव के अनंत के प्रवाह के साथ बहना आना चाहिए।

निर्माणचित्तान्यस्मितामात्रात् ॥ 4 ॥

कृत्रिमता से निर्मित मन केवल अस्मिता से अग्रसर होते हैं।

अहंकार स्वयं को विभाजित कर के देखता है। मैं साधक हूँ मेरा सद्‌गुरु ही सर्वश्रेष्ठ है। सारी दुनिया को उसी ढंग से चलना चाहिए जैसे मेरा सद्‌गुरु कहता है। यह सब सम्प्रदाय विशेष के प्रति सम्मोहित मन की अवस्था की बातें हैं जो सिर्फ हमारे अहंकार को प्रकट करती हैं। हर धर्म के लोग स्वयं को सर्वश्रेष्ठ मानते हैं। और अपने कृत्रिमता से निर्मित मन के कारण मेरे तेरे के भाव से अनेक प्रकार के अपने बन्धनों से स्वयं को मुक्त नहीं कर पाते। कृत्रिम मन साधक को भी स्वार्थ परता से मुक्त नहीं होने देता।

प्रवृत्तिभेदे प्रयोजकं चित्तमेकमनेकेषाम् ॥ 5 ॥

यद्यपि अनेक कृत्रिम मनों की गतिविधियाँ भिन्न-भिन्न होती हैं, फिर भी एक मूल मन उन सभी का नियंत्रण करता है।

मन अनेक प्रकार की चंचलताओं में संलग्न रहता है। ऐसा जन्म जन्मान्तर तक चलता रहता है। हम अपनी अज्ञानता वश कितनी ही गलतियों को जन्म जन्मान्तर तक दोहराते चलते हैं। यह क्रम तब तक चलता रहता है जब तक हम स्वयं को नहीं पहचान लेते। स्वयं को पहचान लेना ही तो द्विज होना है। अहम् ब्रह्मास्मि का उद्‌घोष स्वयं को जाने बिना प्रकट नही होता। स्वयं को जाने बिना अज्ञानता से मुक्त नहीं हुआ जा सकता। मन के छलावों से बाहर आये बगैर सत्य को उपलब्ध नहीं हुआ जा सकता।

तत्र ध्यानजमनाशयम ॥ 6 ॥

केवल ध्यान से जन्मा मौलिक मन ही इच्छाओं से मुक्त होता है।

ध्यान से मौलिकता निखरती है। यहाँ हर इंसान दूसरे से भिन्न है यही उसकी प्रतिभा है। अतः सद्‌गुरु की भी नकल नहीं की जा सकती। यहाँ भगवान महावीर भी उपलब्ध होते हैं तो भगवान कृष्ण भी।

अब चाहे एक समुदाय के लोग कृष्ण को नरक में डाल दें और दूसरे समुदाय के लोग महावीर को तीर्थंकर न माने। यह सिर्फ मान्यताओं की बातें हैं। ऐसी बातें वे लोग करते हैं जो स्वयं किसी बंधन के कारण एक पक्ष को देख पा रहे हैं और दूसरा उन्हें ठीक रूप से दिखाई नहीं दे रहा। विपरीत आयामों पर खिलना इस सृष्टि की खूबसूरती है। यहाँ सब एक दूसरे से

भिन्न हैं और सब अपने मौलिक स्वरूप में खिलने की क्षमता रखते हैं। ऐसी परम् स्वतंत्रता को उपलब्ध होना जन्मों जन्मों के शुभ कर्मों से फलित होता है। महर्षि पतंजलि का यह सूत्र अनेक विलक्षणताओं को अपने भीतर समाहित किये हैं।

कर्माशुक्लाकृष्णं योगिनस्त्रिविधमितरेषाम् ॥ 7 ॥

योगियों के कर्म पुण्य और पाप से रहित होते हैं और अन्य जीवों के कर्म तीन प्रकार के होते हैं पुण्य, पाप तथा पुण्यपाप मिश्रित ।

लोग परमात्मा की भी पूजा इसलिये करते हैं कि सब शुभ-शुभ घटित हो। जीवन है तो मृत्यु भी है, सुख है तो दुख भी है, प्रिय है तो अप्रिय भी है। जब कभी भी कोई हृदय विदारक घटना घटित होती है और जब कोई इंसान उसे सहन नहीं कर पाता तो उसका परमात्मा से विश्वास हट जाता है। अक्सर लोग ऐसी बातें करते पाये जाते हैं कि हमने बहुत की परम् की पूजा पर हमें क्या मिला? इतना दुख, इतनी तकलीफ, इतनी पीड़ा। अब हम कोई पूजा-उपासना नहीं करते, हमारा तो परमात्मा से, गुरु से विश्वास ही उठ गया।

गलत ढंग से किया होगा तुमने परमात्मा पर विश्वास, निहित स्वार्थों की पूर्ति हेतु। तुमने कभी उसे जानने की कोशिश ही नहीं की। कुछ लोग स्वयं को बड़ा गहरा साधक समझते हैं लेकिन घर परिवार में जरा-सा रोग-बीमारी, किसी प्रियजन की मृत्यु हो जाये तो टूट जाते हैं, बिखर जाते हैं, सारी साधना अस्त-व्यस्त। स्वयं भी अपना 'स्पेस' खो देते हैं। अभी सिर्फ शास्त्रों का बोझ ही ढोया है, पंडित की तरह से शास्त्रों का पाठ ही किया है, उसे अपने जीवन में अभी उतारा नहीं। अभी लोभ, मोह, अहंकार, राग, द्वेष को छोड़ा नहीं सिर्फ छोड़ने भर की बातें की हैं।

अभी तो निन्दा स्तुति से तुम्हारा मन भरा नहीं तो तुम्हारे आस-पास जितने भी हैं वे सब कभी न कभी तुम्हारी निन्दा स्तुति के शिकार हैं और तुम्हारा अहंकार ऐसा जो सदा दुनिया से कहता रहा है कि गलत बात मुझे बर्दास्त नहीं।

क्या गलत, क्या सही तुमने जाना क्या? ठीक ठीक तुम्हे कुछ अपनी भी खबर है? अपनी विक्षिप्ताओं का अपने पागलपन का कुछ पता है? कब

तुम आपे से बाहर होते हो, कब तुम्हें पागलपन का दौरा पड़ता है, उसका तुम्हें कुछ पता है? योगी इन सब से मुक्त रहता है। यही कारण है कि योगी के कर्म भी पाप-पुण्य से मुक्त होते हैं। वह हर हाल में स्थिर होता है। जीवन के उतार चढ़ावों के प्रति वह बड़ा सजग होता है। तुम उसे फूलों से सम्मान दो तुम्हारी मर्जी, तुम उसे गालियों के हजार गुलदस्ते भेंट करो तुम्हारी मर्जी, तुम उसकी फोटो की पूजा करो या उसे फाड़ के फेंक दो वह इन सब बातों से न खुश होता है न स्वयं को दु:खी करता है वरन् तुम्हारी सब प्रकार की बेहोशियों को तुमसे अलग करने के लिये उत्प्रेरित रहता है। फिर भी योगी के अथक प्रयासों के बाद भी हम कहाँ छोड़ पाते हैं अपनी बेहोशियों को। सामान्य लोगों और योगी में यही फर्क है। पंडित ने भी रट लिया है कुछ सूत्रों को मगर अभी उसका स्वयं का जीवन रूपान्तरित नहीं हुआ वरना जरा-जरा सी तकलीफों में वह इस कदर तिलमिलाता नहीं।

इंसान की सोच बुरी या भली हो सकती है। मगर परमात्मा बुरा एवं भला नहीं है सृष्टि का एक कर्म है सो है उस कर्म के अपने कारण हैं। परम् को जानना और परम् से हजार तरह की अपेक्षाएँ पालना दोनों अलग-अलग बाते हैं। योगी अपनी मौलिकता से जीता है, जो कुछ उसके जीवन में घटता है वह उसका मूल्यांकन नहीं करता, वह अतीत की तरंगों से भी मुक्त है और भविष्य की तरंगों से भी। योगी का अपने कृत्यों से भी कोई तारतम्य नहीं उसका तारतम्य तो चौबीसों पहर साक्षी से है।

संसारी योगी के व्यक्तित्व में भी पाप-पुण्य कर्म खोज सकते हैं मगर महर्षि पंतजलि कहते हैं उसके कर्म पाप-पुण्य के फेरे से बाहर है, वह भी पाप-पुण्य के फेरे से बाहर है। संसारी को आप अच्छा इंसान एवं बुरा इंसान कह सकते हो। योगी को तुम अच्छे एवं बुरे इंसान की परिभाषा में बाँट नहीं सकते, वह तुम्हारी बुद्धि एवं समझ में समा नहीं सकता। अहंकार वश तुम सांसारियों के समान योगी को भी परिभाषित करो। मगर उसे परिभाषित किया नहीं जा सकता। बुद्धि के गणित में योगी को बिठाया नहीं जा सकता ।

ततस्तद्विपाकानुगुणानामे-वाभिव्यंक्तिर्वासनानाम् ॥ 8 ॥

उन त्रिबोध कर्मों से उनके फलयोगों के अनुकूल वासनाओं की ही उत्पत्ति होती है।

कभी तुम्हें कोई अजनबी मिलता है और उसे देखते ही तुम अपने भीतर जीवन्तता को अनुभव करते हो। प्रेम को अनुभूत करते हो, अचानक तुम्हारे भीतर पड़े बीज ने अंकुरित होना प्रारंभ कर दिया है। हमारे भीतर अदृश्य बीज है। अनेक प्रकार के शुभ-अशुभ संस्कारों के वे बीज अपनी वृत्ति के अनुरूप फल देने वाले होते हैं। मगर यहाँ स्वयं के मूल्यांकन को, स्वयं के प्रति निरीक्षण को गहरा करने की जरूरत है। समझना, सत्संग में आते जाते भी, श्रेष्ठ पुस्तकों का अध्ययन करते करते भी, किस प्रकार कभी-कभी हमारी अच्छी बुरी आदतें हमें प्रभावित करती है। हम पर आक्रमण करती हैं। यहाँ तक की हमें बाधित करती हैं मन को कुछ बुरा करना हो तो साक्षी तुरन्त खो जाता है मगर सत्य की उपलब्धि में देर क्यों हो जाती है। सब जान समझ कर भी हम स्वयं को स्थितप्रज्ञ क्यों नहीं रख पाते? क्यों हम इतने अधीर हो जाते हैं क्यों हम इतना अधीर होकर अपने आपे से बाहर हो जाते हैं? क्यों हम बार-बार उन्ही गलतियों को दोहराते चलते हैं जिनसे हम मुक्ति चाहते हैं? क्या सब जान कर भी हमने अपने मन, अपनी वासनाओं और भीतर पड़े पाप-पुण्य के संस्कारों को ठीक-ठीक जाना नहीं। यदि ऐसा है तो ध्यान-साधना की परिपक्वता में अभी कमी है, अभी स्वयं को और अधिक साधने की जरूरत है।

जातिदेशकालव्यवहितानामप्यानन्तर्यं
स्मृतिसंस्कारयोरेकरूपत्वात् ॥ 9 ॥

जाति, देश और काल का व्यवधान होने पर भी स्मृति और संस्कार में एकरूपता होने के कारण वस्तुतः व्यवधान नहीं होता।

कर्म और संस्कार से मुक्त होना आसान नहीं है। देखो शरीर की मृत्यु से प्रारब्ध और संस्कार नहीं मरते, मन नही मरता। फिर शरीर मिल जायेगा, फिर संचित कर्मो के अनुरूप ही तुम्हारा व्यवहार होगा। हाँ, यदि किसी जन्म में साधना के माध्यम से समाधि फलित होती है तभी जीवन-मृत्यु के बंध न से मुक्तावस्था होगी यह निश्चित है।

तासामनादित्वं चाशिषो नित्यत्वात् ॥ 10 ॥

और नित्य बने रहने की अभिलाषा के कारण उन वासनाओं की अनादिता है।

देखो, वासनाओं का कोई आरंभ नहीं है लेकिन इनका अंत जरूर है। इनके अंत होने पर ही हम मौन के अंतराल को, परम् आनंद को अपने भीतर बाहर अनुभूत कर सकते हैं। उस शून्य के महासागर में डुबकी लगा सकते हैं। समुद्र में छिपे मौक्तिक कोश को खोज सकते हैं। हमारी भांति-भांति की अपेक्षाएँ ही तो हमें मूर्ख बनाती है, हमें छलती है।

हेतुफलाश्रयालम्बनैः संगृहीतत्वादेषामभावे तदभावः ॥ 11 ॥

प्रभाव के कारण पर अवलंबित होने से, कारणों के मिटते ही प्रभाव तिरोहित हो जाते हैं।

इंसान जानकारियाँ एकत्र कर अपने अज्ञान को छुपाना चाहता है। ज्ञान की बातें करने मात्र से भला कभी भीतर का अज्ञान छिपता है। **वरन् ज्ञान की बातें करते करते जब भीतर का अज्ञान प्रकट होता है तब बहुत पीड़ा होती है**। तब लगता है कि हमने अपने चित को जरा भी अनुशासित नहीं किया वरन ज्ञान के नाम पर भी हमने अपने भीतर के अंधकार को मिटाने का प्रयास नहीं किया, अधीरता वश न जानते हुए भी हम जानकारियाँ बाँटने चल दिये ताकि हमारे अज्ञान का किसी को पता न चले लेकिन जब किसी साधक को अपने स्वयं के अज्ञान का पता चलता है और वह यह देख पाता है कि किस प्रकार मेरे मन ने मुझे छला है। यह मेरा मन मुझे हो छलने में कितना निष्णात हो गया है। उस समय साधक को बहुत दुख होता है, उसकी अश्रुधारा फूट पड़ती है। जीवन में ऐसी अवस्था आ जाये और हम स्वयं से सब प्रकार का छलावा करना छोड़ दें तो यह अवस्था भी शुभ घड़ी है। अब कब तक दूसरों के प्रभाव से प्रभावित होते रहोगे, कब तक अज्ञानी होकर ज्ञान को ढोते रहोगे, कब अपने भीतर परम् के दर्शन करोगे? कब सब प्रकार के सम्मोहनों से, प्रभावों से मुक्त होंकर परम् हंस के समान जीना प्रारंभ करोगे?

अतीतानागतं स्वरूपतोऽस्त्यध्वभेदाद्धर्माणाम् ॥ 12 ॥

अतीत और भविष्य का अस्तित्व वर्तमान में है किन्तु वर्तमान में उनकी अनुभूति नही हो पाती है, क्योंकि वे विभिन्न तलों पर होते हैं।

जीवन एवम् मृत्यु से देह बंधी है यही कारण है कि हम समय को भी अतीत, वर्तमान एवम् भविष्य में विभाजित कर के देखते हैं। वैसे समय को

विभाजित नहीं किया जा सकता। ठीक उसी प्रकार जिस प्रकार निराकार को कोई आकार नहीं दिया जा सकता।

महर्षि पंतजलि कहते हैं भिन्न तलों को समझो, अतीत को मिटाया नहीं जा सकता, वह स्मृति का हिस्सा है। कर्म बंधन का कारण है। वर्तमान में जीना आ जाये तो समझो ठीक प्रकार से जीना आ गया। भविष्य अभी कल्पनाओं में है लेकिन उसकी आधार शिला वर्तमान में है। सब विभिन्न तलों की बातें हैं। योग साधना के माध्यम से हम अपनी चेतना के तलों को उच्च आयाम दे सकते हैं।

ते व्यक्तसूक्ष्मा गुणात्मानः ॥ 13 ॥

वे व्यक्त हो या अव्यक्त, अतीत वर्तमान और भविष्य सत् रज तम गुणों की प्रवृति है।

हम हजार तरह से अनिद्रा के शिकार हैं। हमारी हजार बीमारियों का एक ही इलाज है ध्यान। ध्यान के माध्यम से ही सत् का संग हो सकता है। येन केन प्रकारेण हमें अपनी बेहोशियों से बाहर आना होगा। स्वाध्याय, सत्संग, ध्यान इसमें सहयोगी हो सकते हैं। इनके माध्यम से हम सत्, रज, तम गुणों की प्रवृति और प्रकृति को समझ सकते हैं। जीवन में स्थितप्रज्ञता हेतु स्वयं की प्रकृति एवं मूल स्वभाव को समझना बड़ा आवश्यक है।

परिणामैकत्वाद्वस्तुतत्त्वम् ॥ 14 ॥

परिणाम एक होने से वस्तु तत्व एक होता है।

लकड़हारा बाग में घूमता हुआ भी सूखी लकड़ी तलाशता है। उसको फूलों की महक से कुछ लेना देना नहीं। सुन्दर बगीचा उसे प्रभावित नही करता। श्मसान घाट में भी कोई बैठा है जिसे मुर्दों से कोई संवेदना नहीं जो बस कफ़न चुरा लेना चाहता है या सुलगती चिता में से भी लकड़ी चुरा लेना चाहता है। ऐसे ही हमारा भी सत्य से कोई लेना देना नहीं होता। काश! अब तक हमने अपने भीतर प्रवाहित त्रिगुणमयी सत्ता के सत्, रज, तम को ठीक प्रकार से समझा होता क्योंकि हमारा सार तत्व इन्हीं तीन गुणों के अनुपात में निहित है। इन्हें सम्यक करके ही कोई स्थितप्रज्ञ हो सकता है।

वस्तुसाम्ये चित्तभेदात्तयोर्विभक्तः पन्थाः ॥ 15 ॥

भिन्न भिन्न मनों द्वारा ही वस्तु विभिन्न ढंगों से देखी जाती है।

ज्ञान से भिन्न अनुभूति की सत्ता है जो सत्य के अधिक नजदीक है। बुद्धि के साथ जब अहंकार समाहित हो जाता है तब अनुकृति की सत्ता गौण हो जाती है और हम किसी न किसी आत्मप्रवंचना के शिकार हो जाते हैं। योगी ज्ञान से अधिक अनुभूति को महत्त्व देता है, वक्तव्यों के मध्य छुपे अन्तराल को, शब्द से निशब्द को अनुभुत करने का प्रयास करता है और शून्यता से स्वयं को ओत-प्रोत एक-मेक होता देख पाता है।

न चैकचित्ततन्त्रं वस्तु तदप्रमाणकं तदा किं स्यात् ॥ 16 ॥

वस्तु एक मन पर निर्भर नहीं है।

अस्तित्व ने तुम्हे स्वीकारा है अब कोई तुम्हें स्वीकारे या अस्वीकार करे यह उसका नजरिया भर है मगर उस नजरिये पर तुम निर्भर नहीं हो।

जब हम कोई सत्संग सुनते हैं, तब यदि बुद्धि बार बार प्रश्न करती है तब हम सत्य को नहीं समझ पाते। मन के बिना जब हम श्रवण करते हैं तो वह सम्यक श्रवण है। इसी प्रकार जब हम स्वयं के प्रति साक्षी बने रहते हैं तभी स्वयं की वृत्तियों को ठीक प्रकार से देख पाते हैं और ये वृत्तियाँ हमारे साक्षी स्वभाव से ही तिरोहित हो जाती है।

तदुपरागापेक्षित्वाच्चित्तस्य वस्तु ज्ञाताज्ञातम् ॥ 17 ॥

वस्तु का ज्ञान या अज्ञान इस पर निर्भर होता है कि मन उसके रंग में रंगा है कि नहीं।

हम हर्ष और विषाद में जीते हैं, सुन्दर और असुन्दर की भाषा में सोचते हैं। जो हमें ठीक जँचता है वह सुन्दर, जो हमें ठीक नहीं जँचता वह असुन्दर। हमारा अपना मूल्यांकन हमारे अपने मन को विभिन्न रूपों में रंगना जानता है। मन सदैव होली खेलता है, उसके रंग गुलाल कभी कम नहीं होते मगर इस सुन्दर असुन्दर की परिभाषा में हम स्वयं को कितना रंग लेते हैं और हम पर मन कितना हावी हो जाता है। कभी कभी तो जीवन पर्यन्त हम अपने ही हावी मन को ठीक प्रकार समझ पाने में स्वयं को असहाय अनुभूत करते हैं।

सदाज्ञाताश्चित्तवृत्तयस्तत्प्रभोः पुरुषस्यापरिणामित्वात् ॥ 18 ॥

मन की वृत्तियों का ज्ञान सदैव इसके प्रभु, पुरुष को शुद्ध चेतना के सातत्य के कारण होता है।

मानव एक अति जटिल संरचना है। उसकी अनेक परतें हैं। महर्षि पतंजलि के पास उस जटिल संरचना के भीतर झाँक कर देखने की आँख है। मन के साथ कल्पनाएँ, विचार, सपने, हजार तरह के प्रलोभन, वासनाएँ न जाने क्या-क्या यथावत है। संसार रूपी भँवर में फँसा इंसान फिर भी मन के पार छुपे परमात्मा को साक्षीत्व के माध्यम से पा सकता है। **भीतर के शाश्वत प्रभु को पा लेना स्वयं की निर्दोषता को छू लेने जैसा है।**

न तत्स्वाभासं दृश्यत्वात् ॥ 19 ॥

मन प्रकाशित नहीं है क्योंकि स्वयं इसका प्रत्यक्षीकरण हो जाता है।

मन चन्द्रमा के समान चंचल है। चन्द्रमा एवं मन दोनों ही प्रकाशित नही हैं। चन्द्रमा सूर्य की किरणों को परावर्तित करता है मन बीज रूप में विद्यमान इच्छाओं को प्रकट करता है। मन देखने वाला नहीं, देखने वाला कोई और है। मन जानने वाला नहीं, जानने वाला कोई और है।

एकसमये चोभयानवधारणम् ॥ 20 ॥

मन के लिये अपने आप को और किसी अन्य वस्तु को उसी समय में जानना असंभव है।

मन एक हजार सपने देखे फिर भी वह एक समय में एक ही सपना देख पाता है। आप हजार कदम चलना चाहें फिर भी एक-एक कदम चलकर ही हजारों मील की दूरी तय की जा सकती है। देखो, मन के बारे में जानना, मन जानने वाला नहीं है तुम जानने वाले हो। न तुम मन हो, न शरीर, तुम ज्ञाता हो, योग सहायता करता यह बतलाने में कि तुम क्या हो क्या नहीं? यह ठीक प्रकार से समझ में आ जाये तब कोई साधक सही मायने में योगी हो जाता है।

चित्तान्तरदृश्ये बुद्धिबुद्धेरतिप्रसङ्गः स्मृतिसंकरश्च ॥ 21 ॥

यदि यह मान लिया जाये कि दूसरा चित्त पहले चित्त को प्रकाशित

करता है तो बोध के बोध की कल्पना करनी पड़ेगी और दूसरे स्मृतियों का संशय उत्पन्न होगा।

हमारे पास शरीर है, मन है और मन को जानने वाला साक्षी है। मन स्वयं मन की स्थितियों को नहीं जान सकता। वह तो बस जन्म जन्मान्तरों से इच्छापूर्ति के कार्यों में संलग्न है। फिर भी कोई है जो साक्षी को जान रहा है यह साक्षी को जानने वाला कौन है? देखें इस अगले सूत्र में-

चितेरप्रतिसंक्रमायास्तदाकारापत्तौ स्वबुद्धिसंवेदनम् ॥ 22 ॥

आत्मबोध से स्वयं की प्रकृति का ज्ञान मिल जाता है और जब चेतना इस रूप में आ जाती है तो यह एक स्थान से दूसरे स्थान को नहीं जाती।

जब तक हमारे भीतर प्रकाश का दीया उदित नहीं होता तब तक हम बाहर के प्रकाश का सहारा खोजते रहते हैं। मगर आत्मबोध अध्यात्म जगत् का ऐसा फल है जिसमें साधक अपने ही प्रकाश से प्रकाशित होता है। ऐसी अवस्था में उसका संपूर्ण जीने का ढंग ही बदल जाता है। जब मन ज्ञाता और ज्ञेय के रंग में रंग जाता है तब वह सर्वज्ञ हो जाता है। योग सम्पूर्ण विज्ञान है, यह धर्म भी है विज्ञान भी और कला भी। यह आन्तरिक जगत् और बाहरी जगत् का समन्वय स्थापित कर मानव चेतना को उच्चतम आयाम देने की कोशिश करता है।

द्रष्टृदृश्योपरक्तं चित्तं सर्वार्थम् ॥ 23 ॥

जब मन ज्ञाता और ज्ञेय में रंग जाता है तब यह सर्वज्ञ हो जाता है।

अष्टांगिक मार्ग के दो पक्ष हैं बहिरंग साधन एवं अन्तरंग साधन। बाहरी पक्ष एवं भीतरी पक्ष दोनों आवश्यक हैं। शरीर व मन से तो हमारा परिचय है मगर चेतना को भी ठीक प्रकार से समझ कर कोई साधक योगी हो जाता हैं ।

तदसंख्येयवासनाभिश्चित्रमपि परार्थं संहत्यकारित्वात् ॥ 24 ॥

यद्यपि मन असंख्य वासनाओं के रंग में रंगता है फिर भी लगातार उनकी पूर्ति हेतु कार्य करता है और सहयोग करता है। योग के माध्यम से साधक के भीतर सहज स्वीकारोक्ति का भाव प्रकट होता है।

ऐसे में योगी संसार के विरोध में खड़ा नहीं होता वरन सारी सकारात्मक एवं नकारात्मक स्थितियों के मध्य रहते हुए भी स्थितप्रज्ञ हो जाता है। वह सारी विक्षिप्तताओं को देखता है फिर भी कोई विक्षिप्तता उस पर हावी नहीं होती। योगी न भटकता है न कोई असंतुलन उसके जीवन में होता है। वह तो संयम एवं संतुलन का प्रतीक बन सब प्रकार की विक्षिप्तताओं के पार खड़ा है। **योग के माध्यम से साधक संयम को उपलब्ध होता है, परम् को, विश्रान्ति को अपने भीतर संजो कर रखता है।**

विशेषदर्शिन आत्मभावभावनाविनिवृत्तिः ॥ 25 ॥

जब व्यक्ति विशेष को देख लेता है तो उसकी आत्म भाव की भावना मिट जाती है।

जब व्यक्ति परम् को देख लेता है तब उसका कर्त्ता भाव तिरोहित हो जाता है। कर्त्ता भाव के तिरोहित होने से साधक का तल बदल जाता है। फिर कुछ होने की इच्छा ही शेष नहीं रहती और **इच्छाओं के मिटने के साथ बहुत कुछ मिट जाता है।** नौकरी, दुकान, मकान, सपने, साधक और प्रकृति आमने-सामने आ जाते हैं। कुछ करने को शेष बचता ही नहीं। यहाँ तक कि योगी जीते जी जीवन और मृत्यु से भी मुक्त हो जाता है। योगी के शरीर की भी मृत्यु होती है मगर योगी की नहीं। योगी तो बस इस आवागमन की यात्रा में मृत्यु से होकर गुजर जाता है। योगी को अहंकार नहीं होता। अहंकार न रहने पर योगी मुक्त रह पाता है। अब उसका शेष जीवन ही प्रसाद है जिसने भी उस प्रसाद को चखा वह धन्य भागी।

तदाविवेकनिम्रं कैवल्यप्राग्भारं चित्तम् ॥ 26 ॥

तब विवेक उन्मुख चित्त कैवल्य की ओर आकर्षित हो जाता है।

जब तक माया जगत माया के समान प्रतीत न हो, हम माया जगत से सम्मोहित रहते हैं। कभी सौभाग्य से किसी साधक के जीवन में वह घड़ी भी आती है जब उसे माया जगत में कोई सच्चाई नजर नहीं आती और साधक की आँखें सत्य को तलाशने लगती है। ऐसे में जगत् और भक्त की बातें अलग-अलग हो जाती हैं। योगी एक तरफ जगत् और अपने भीतर अनुशासन की अनुपालना करता है। वहीं दूसरी तरफ करुणावश जगत् का

भी मार्ग प्रशस्त करता है। वह रहता अनुशासन की किलेबन्दी में है फिर भी उसकी अवस्था मुक्ति की है। योगी का रास्ता अनुशासन से स्वतंत्रता की ओर जाता है। विषयों के पीछे, मन के पीछे भागने वालों को योगी की स्वतंत्रता का राज समझ में नहीं आता।

योगी का उन्मुक्त चित्त तो कैवल्य के प्रति आकर्षित रहता है। जब व्यक्ति जानने वाले को देख लेता है तब जगत् के प्रति उसका सारा आकर्षण तिरोहित हो जाता है। वह सोचता है कि अब तक मैं माया रूपी जगत् से छला क्यों जाता रहा? और कब तक मैं मायारूपी जगत् से छला जाता रहूँगा? साधक की उर्जा उर्ध्वगामी होने लगती है। योगी का सोच सकारात्मक, दिव्य, पुनीत, पवित्र होता चला जाता है। **योगी प्रकाश का वह पुंज है जो अपने ही प्रकाश से प्रकाशित होता है। अप्प दीपो भव।**

तच्छिद्रेषु प्रत्ययान्तराणि संस्कारेभ्यः ॥ 27 ॥

पूर्व के संस्कारों के बल के माधयम से विवेक ज्ञान के अंतराल में अन्य प्रत्ययों, अवधारणाओं का उदय होता है। इनका निराकरण भी अन्य मनस्तापों की भांति किया जाना चाहिए।

साधक अनेक बार अपने पूर्व संस्कारों एवं अच्छी बुरी आदतों के परिणाम स्वरूप, उन्ही गलतियों को दोहरा देता है जिससे वह निजात पाना चाहता है। ऐसे में उसका हृदय द्रवित होता है, उसे लगता है सब जानते समझते हुए भी मैं अनेक बातों की पुनरावृत्ति में क्यों लगा हूँ? क्यों मेरी कथनी और करनी में फर्क है? ऐसा होता है, अनेक बार होता है फिर भी न उदास होने की जरूरत है न ही हिम्मत हारने की। सतत् अभ्यास से शनैः शनैः अनुशासन सध जाता है। जीवन में बहुत से कार्य हम ऐसे करते हैं, जहाँ जीत कर भी हम हार जाते हैं। स्वयं को साधने का कार्य ऐसा है कि यहाँ योगी हार कर भी जीत जाता है।

योगी को बहुत सजगता से जीना होता है। योगी के जीवन में आत्म बोध समाहित होने से ही वह जीवन के उच्च शिखरों को छू जाता है । सतत् प्रयास से योगी की दिव्यता, पुनीतता, पावनता स्वाभाविक हो जाती है और उसका यही रूप साधकों को चमत्कृत कर देता है, उसकी सरलता, स्वभाविकता, निर्लिप्तता।

हानमेषां क्लेशवदुक्तम् ॥ 28 ॥

सभी प्रकार के सप्रत्ययों, अवधारणाओं से निवृत्त हो जाना क्लेशों से निवृत्त होना है।

ध्यान-साधना, सत्संग के माध्यम से ही सब प्रकार के क्लेशों को शिथिल किया जा सकता है। धीरे-धीरे योगी इन क्लेशों से बाहर आ जाता है। अपनी सजगता से, होशपूर्वक जीवन जीते-जीते योगी इन क्लेशों को दग्घ कर देता है।

जब तक हमारा विवेक दुर्बल रहता है तब तक क्लेश हम पर हावी रहते हैं। समय-असमय हम अनिच्छा के शिकार होते रहते हैं। योगी साक्षीत्व को जितना साध लेगा उतना ही क्लेश के मार्ग से बाहर आ जायेगा। हमारे सारे शोक, सन्ताप एवं दुखों का कारण हमारी अपेक्षा है। जिस योगी का जीवन अविद्या का शिकार नहीं होता सही मायने में वह साधक ही वास्तविक योगी है।

प्रसंख्यानेऽप्यकुसीदस्य सर्वथा विवेकख्यातेर्धर्ममेघः समाधिः ॥ 29 ॥

विवेक के ऐश्वर्य में भी जब वैराग्य हो जाता है तक विवेक सर्वथा ज्योतित हो जाता है। ऐसे साधक को धर्म मेघ समाधि की प्राप्ति होती है ।

जब संसार की इच्छाएँ तिरोहित होती हैं, तब मोक्ष की इच्छा प्रबल हो जाती है। यदि योगी उस इच्छा के प्रति भी वैराग्य रखता है तभी मोक्ष फलित होता है। बहुत-से साधक मोक्ष के लिये भी बेचैन या अधीर हो जाते हैं और इस प्रकार स्वयं के आध्यात्मिक मार्ग में बाधा उत्पन्न कर लेते हैं। महर्षि पतंजलि कहते हैं कि जिसमें समाधि के प्रति भी इच्छा रहितता का सातत्य बना हुआ है और जो विवेक के चरम् को परिवर्तित करने में समर्थ है ऐसे योगी को ही मोक्ष फलित होता है। महर्षि पतंजलि इस परम् अवस्था को धर्ममेघ समाधि की अवस्था मानते हैं। जब योगी की कोई चाहत शेष नहीं रहती, उस पर सदैव आसमान से पुष्पों की वर्षा हो रही होती है। आशीषों की शुभ एवम् सकारात्मक सोच की दिव्य मनोहारी वर्षा होती है। वह ब्रह्मांड की समस्त सकारात्मक शक्तियों से अपना योग स्थापित कर चुका होता है। उसके माधयम से इस अवस्था को पा लेने के पश्चात जो

कुछ भी फलित होता है शुभ ही होता है फिर भी अविद्या के शिकार जन उन शुभ अवस्थाओं को उस धर्ममेघ समाधि की अवस्था को भी देख नहीं पाते।

ततःक्लेशकर्मनिवृतिः ॥ 30 ॥

तब क्लेशों एवम् कर्मों से मुक्ति हो जाती है।

फिर ऐसी अवस्था योगी को प्राप्त होती है जब कोई क्लेश, कोई विकृति, कोई अशुद्धि शेष नहीं रहती। ऐसे में जो कुछ भी मन से जाना था, जो कुछ भी सीखा समझा और सिखाया था, वह भी कोई मायने नहीं रखता। योगी का ध्यान स्वयं पर पूर्णतः केन्द्रित हो जाता है। वह अपने भीतर परम् आनन्द की अनुभूति अनुभव करता है। एक समय था जब योगी ज्ञान का पिपासु था। एक समय था जब योगी को समझने समझाने में रस था, वह मध्यस्त था। फिर वह घड़ी भी आती है जब विराट और उसके मध्य कोई मध्यस्थ नहीं होता। वह ज्ञान जो मन के माध्यम से आया था तिरोहित हो जाता है क्योंकि जो कुछ भी समाधि के माध्यम से घटता है वह बहुत अलग है मौक्तिक कोष जैसा। अब मन के द्वारा प्राप्त ज्ञान, जानकारियां कोई मायने नहीं रखती। शब्द भी कोई विशेष मायने नही रखते। जो कुछ है वह योगी के जीवन से झलकता है उसकी हँसी में, उसके आँसुओं में भी प्रेम छलकता है। उसके मौन में स्थितप्रज्ञता के दर्शन होते हैं। योगी शास्त्रों एवं ज्ञान के बोझ से भी मुक्त होता है। उसके जीवन को देखकर प्रतीत होता है कि वह ज्ञान को भी ढोता नहीं। वह मन के माध्यम से प्राप्त जानकारियों एवम् उसके सब प्रकार के खेलों से मुक्त समाधि की चरम् अवस्था में जीता है। जगत् नहीं सिर्फ जीवन्तता।

तदा सर्वा वरणमलापेतस्य ज्ञानस्यानन्त्याज्ज्ञेयमल्पम् ॥ 31 ॥

उस समय सभी प्रकार के आवरण, विकृतियाँ, अशुद्धियाँ, मल दूर हो जाने से ज्ञान अनंत हो जाता है, अतएव ज्ञेय अल्प हो जाते हैं।

यद्यपि मन की सम्भावनाएँ अनन्त हैं और वह अनन्त ज्ञान अर्जित करने की क्षमता रखता है फिर भी वह असीम ज्ञान कोई मायने नहीं रखता, समाधि की एक झलक के आगे। ऊर्जा रूपान्तरण का सशक्त माध्यम

समाधि है जहाँ मन एवम् बुद्धि का गणित कोई मायने नहीं रखता। सही ज्ञान तो प्रकट ही तभी होता है जब योगी को समाधि की झलक मिले अन्यथा सिर्फ जानकारियाँ प्रकट होती हैं। जानकारियों के माधयम से तो स्वयं को भी नहीं बदला जा सकता। हजार बीमारियाँ यदि साधक के मध्य हैं और वह ज्ञान बघारता फिरे और शोक, सन्ताप, दुख की स्थिति से भी बाहर न आ पाये तो समझना अभी आप आत्मज्ञानी हुए नहीं हो। अभी तो आत्म प्रवंचना में ही लगे हो। अनेक बार ऐसी स्थितियाँ जीवन में पैदा होती है जब आप स्वयं आपा खो देते हो और पूरी तरह विक्षिप्तता के, अज्ञान के शिकार हो जाते हो तो ऐसा झूठा ज्ञान बघार कर किसे धोखा दे रहे हो? शायद माया ने फिर से आपको पुनः छल लिया है। यदि समाधि की एक झलक भी मिलती तो सब प्रकार के मुखौटे आवरण हट जाने थे। यह सूत्र ऐसा है जो आत्म निरीक्षण में सहायक हो सकता है। वह किसी दूसरे से कहा ही नहीं जा सकता। हम सब साधना के मार्ग पर हैं, महर्षि पतंजलि के इस विलक्षण सूत्र को आत्मसात करें ।

ततः कृतार्थानां परिणामक्रमसमाप्तिर्गुणानाम् ॥ 32 ॥

धर्म मेघ समाधि प्राप्त कृतार्थ पुरुष के लिए तीनों गुणों का परिणामक्रम समाप्त हो जाता है ।

जिसने परम् को पा लिया उसका माया लोक तिरोहित हो गया। अरे उसे भुला दिया था तभी तो माया प्रकट हुई। उसे न भुलाते तो प्रकट अप्रकट का यह खेल, लीला कैसे देखते? कैसे मछली की तड़प को अनुभूत करते जो सागर से दूर फैंक दी जाती है और जब वह वापस सागर में लौटती है तभी तो महा सागर के आल्हाद को अनुभूत कर पाती है। तुम अपने आप से कैसे दूर भाग सकते हो? चाहे कितना भी दूर निकल जाओ वह सदैव तुम्हारे साथ है।

क्षणप्रतियोगी परिणामापरान्तनिर्ग्राह्यः क्रमः ॥ 33 ॥

क्षणों से संबधित परिणाम के अन्त में जिसका ज्ञान होता है वह क्रम है।

प्रतिक्षण घटने वाले परिवर्तनों के सातत्य की प्रक्रिया सत्, रज, तम के रूपान्तरण के परम् अंत पर घटित होती है। यही क्रम है, इसी क्रम में योगी देखता है कि सभी कुछ महाशून्य में विलीन हो गया। कहने सुनने को भी कुछ शेष न रहा यही तो है लीला .... । लीला के प्रकट अप्रकट होने का खेल...... । महा शून्य का अपना महोत्सव है योगी अधिकारी है उस महारास में शामिल होने का जहाँ सदैव मेघ उस पर पुष्पों की वर्षा कर रहे हैं। योगी भी तो उन्हीं पुष्पों की तुम पर बरसात कर रहा है। तुम्हें महारास का आमंत्रण दे रहा है। धर्ममेघ का सन्देश बड़ी मौलिकता से तुम तक पहुँचा रहा है, तुम्हे अध्यात्म के जगत् का निमंत्रण प्रति पल पुष्पों को तुम पर बरसा के दे रहा है।

पुरुषार्थशून्यानां गुणानां प्रतिप्रसवः कैवल्यं
स्वरूपप्रतिष्ठा वा चितिशक्तिरिति ॥ 34 ॥

पुरुषार्थ शून्य हो जाने पर त्रिगुण अपने कारण में विलीन हो जाते हैं यही कैवल्य है अथवा पुरुष का अपने स्वरूप में प्रतिष्ठित हो जाने पर चेतन शक्ति मात्र का शेष रह जाना कैवल्य है।

इस अवस्था में योगी अपने वास्तविक स्वरूप में शुद्धचैतन्य अवस्था में प्रतिष्ठित हो जाता है। योगी के लिये संसार ठहर जाता है वह तसल्ली में है और विश्रान्ति के साथ आसमान को निहारने की क्षमता पा गया है। सुन्दर असुन्दर सब जब तिरोहित हो गया, हर्ष-विषाद सब खो गया। महाशून्य का दर्शन हो गया। वह तो था ही, संसार की भाग-दौड़ में हम ही उसे न देख पा रहे थे। योगी शुद्धचैतन्य महाशून्य को प्रकट करने की क्षमता से ओत-प्रोत होकर भी खाली है, इसीलिये उसकी सम्भावनाएँ विराट हैं। योगी वहाँ स्थित है जहाँ अभिव्यक्ति की सारी सम्भावनाएँ समाप्त हो जाती हैं। शब्द से निशब्द की यात्रा का प्रारम्भ, महाशून्य में प्रवेश, सभी रास्तों का त्याग, न कोई आकांक्षा न कोई अपेक्षाओं का संसार, न कोई भाग-दौड़ भरी जिन्दगी, न कोई अटकन, न कोई भटकन, न कहीं जाना है। अब सब रास्तों की खोज भी समाप्त हुई क्योंकि वह प्रकट हो गया। **वह यहीं है यहीं है, यहीं तुम्हारे पास, तुम्हारा अपना परम् स्वरूप।**

शुभकामनाओं सहित
संजीव कश्यप

मूल सूत्र

समाधिपादः-1

साधनपाद:-2

विभूतिपादः-3

कैवल्यपादः-4